# 금리로 혼내주는 선생님

교실에 벌어진 투기 열풍

그 안에 담긴, 돈 이상의 가치와 고민

# 금리로 혼내주는 선생님

**교실에 벌어진 투기 열풍**

**그 안에 담긴, 돈 이상의 가치와 고민**

**전준형** 지음

한그루

# 차례

## 1부

# 교실에 역사가 재현되다

## 2부

# 교실의 역사가 무너지다

## 3부

# 교실에 역사를 설계하다

# 금리로
# 혼내주는
# 선생님

# 1부

# 교실에 역사가 재현되다

1988년 일본. 나츠미는 도쿄의 중소기업에서 일하는 평범한 회사원이었다. 그녀는 여행을 다니는 취미가 있었고, 그 취미를 함께하는 친구들과 이야기를 나누는 주말들로 행복한 삶을 보내고 있었다. 그런데 어느 날, 그녀의 사무실 동료들이 모두 부동산 투자로 재미를 보고 있다는 소식이 들린다. 솔깃했던 나츠미는 처음으로 지방에 있는 조그마한 땅을 샀다. 대출을 끼지 않은 소액이었다. 아직 투자가 뭔지도 잘 몰랐고, 더군다나 동료들처럼 빚을 내는 건 너무 위험해보였기 때문이었다.

그러다 문득 욕심이 생긴 건, 대출을 보태서 도쿄에 땅을 샀던 동료들이 단기간에 큰 이익을 벌었을 때였다. 마침 일본 정부가 역사적인 수준으로 금리를 낮췄다는 설명을 듣다 보니, 대출을 받지 않는 건 미련한 짓이라는 생각까지 들었다. 그래서 곧장 은행에서 돈을 빌려 도쿄 외곽에 있는 땅을 매수했다. 아니나 다를까, 동료들의 예언대로 가격은 천정부지로 올랐다. 나츠미는 이미 대출을 낀 땅을 담보로 더 큰 대출을 받기로 결심했다.

나츠미뿐만 아니었다. 많은 기업과 투자자들이 부동산 시장에 뛰어들었고, 누군가의 매수가 또 다른 누군가의 매수를 부르면서, 일본 부동산과 주식 시장은 나날이 폭등했다. 이러한 자산 시장의 열기는 곧 도쿄 거리의 화려함으로도 이어졌다. 낮에는 고급 레스토랑에 손님들이 넘쳐났고,

골목 귀퉁이에 있는 도박장조차 사람들로 북적였으며, 밤에는 춤을 추며 유흥을 즐기는 이들이 거리를 장악했다. 이 열기는 회사의 매출로도 이어졌고, 회사 신입사원이 받는 월급 봉투는 너무 두꺼운 나머지, 눕혀지지 않고 똑바로 섰을 정도였다.

1991년, 일본 도쿄의 땅을 모두 팔면 미국 땅을 전부를 살 수 있다는 소문이 들릴 쯤이었다. 갑자기 이상한 조짐이 보이기 시작했다. 부동산 거래가 급격히 줄더니 가격이 떨어진 것이다. 한 번도 본 적 없던 낯선 광경에, 대중들의 분위기는 급속도로 얼어붙었다. 그러나 이 모든 건 잠깐이고, 조만간 폭등할 거라고 나츠미는 확신했다. 이미 그녀가 은행에서 빌린 돈은 천문학적인 액수였고, 그 이자를 갚는 것만으로도 그녀의 월급은 거의 남지 않기 때문이었다.

그런데 이미 두려움에 휩싸인 사람들은 허겁지겁 매도하기 시작했고, 한번 속도가 붙은 매도세는 또 다른 매도를 불러일으켰다. 새파랗게 질려버린 자산 시장의 한기는 곧 일본 경제로도 이어졌다. 수많은 은행과 기업들이 연달아 파산했고, 많은 노동자들이 해고되었으며, 나츠미도 예외는 아니었다. 친구들과 연락이 끊기고 자산은 모두 압류되고 나니, 한때 행복했던 주말의 여행도 이제는 먼 과거의 일처럼 느껴졌다. 오랜 시간 동안 쌓아 올린 삶이 무너지는 건 한순간이었다.

이 역사를 잘 알고 있던 미국의 평범한 은행원, 제이크도 최근 폭등하고 있는 주식 시장을 냉소적으로 보고 있었다. 1999년, 사람들은 앞으로 인터넷이 세상을 바꿀 거라며 흥분했고, 다시는 이 가격에 주식을 못 산다며 지금이 역사상 가장 싼 가격이라고 단언했다. 그 믿음을 증명하듯 가격은 탄탄하게 올라갔고, 모 인터넷 회사 주가가 2배, 3배 올랐다는 뉴스는 이제 식상할 지경이 됐다. 제이크는 이 모든 게 일본과 유사해 보였다.

하지만 절약하며 성실하게 살아온 그는, 검소하거나 성실하지 않은 친구들이 부를 축적하는 모습을 매일 같이 지켜만 봐야 했다. 투자를 하지 않았다는 단 한 가지 이유로 말이다. 어떨 땐 억울하기도 하고 어떨 땐 질투가 치밀기도 했다. 자신보다 한참 늦게 일을 시작한 후배조차 최근에 산 종목이 10배가 올라서 5년치 연봉을 벌었다는 얘기를 들었을 땐 뒷목에 식은땀이 흘러내릴 정도였다.

'혹시 내가 틀린 게 아닐까?'

계속 고민하다 보니 전문가의 말대로, 인터넷이 단순히 이메일만 보내는 수단이 아닌, 세상을 바꿀 혁신임은 부정할 수 없는 사실이었다.

'그래, 이제 막 디지털로의 전환이 시작되는 단계인데 지금 들어간다고 잃을 리가 없잖아.'

결국 인터넷 관련 주식에 뛰어들었고, 사자마자 재산이 눈에 띄게 불어나면서 대출까지 받게 됐다. 그제서야 마음이 한결 가벼워진 그는, 일본과 전혀 다른 새로운 세계가 펼쳐진다며 친구들과 함께 외쳤다.

"이번만큼은 다르다."

3년 뒤 2002년. 현재 미국 주식 시장은 기나긴 하락을 겪고 있다. 주변 친구들도 이미 주식을 팔았다며 일본의 상황을 예로 들었다. 일본 주식 시장은 1991년부터 지금까지 11년째 떨어지고 있는 중이다. 우리도 똑같이 10년 이상은 떨어질 거라며 단념한 친구들은 모두 주식을 정리해서 은행에 넣어두었고, 제이크도 마지못해 돈을 옮겼다. 때마침 예금으로 향하는 머니무브가 거세게 일어나고 있다는 뉴스도 연이어 들려왔다. 시장에는 비관론이 만연했고, 당분간은 오를 가능성이 제로라는 주식 전문가들의 발언도 줄을 이었다.

그래, 이게 맞지. 확신이 들었다.

하지만 얼마 지나지 않아 이상한 일이 벌어졌다. 주가가 가파르게 오르기 시작했다.

대출이 위험하다는 걸 알았던 나츠미와 일본이 겪은 비극을 잘 알고 있던 제이크처럼, 사람들은 매번 비슷한 욕망과 비슷한 두려움으로 인해 똑같은 실수를 되풀이했다. 그러다 보니 1980년대 후반 일본 부동산 버블, 2000년 세계 주식 시장에 불어닥친 닷컴 버블, 2008년 미국에서 벌어진 리만 사태 등 폭등과 폭락의 역사는 꾸준히 반복됐다.

하지만 이렇게 반문할 수도 있다. "일본 부동산 버블을 겪은 사람과 미국 리만 사태를 겪은 사람들은 전혀 다른 사람들이니까 실수를 되풀이한 건 아니지 않나? 똑같은 이들이 두 번 겪으면 역사의 반복은 멈추지 않았을까?"

충분히 그럴 수 있다. 그럼 만약 나츠미와 제이크에게, 인생에서 버블을 한 번밖에 겪지 못한 그들에게 한 번의 기회가 더 주어졌다면 전혀 다른 역사가 펼쳐졌을까?

그럼 만약 교실에서 아이들이 단 한 번이 아닌, 여러 번의 버블과 폭락을 경험한다면, 실제로는 겪어보지 못할 역사의 반복을 체험한다면 더 이상 실수를 되풀이하지 않을까? 정말 달라질까?

4년간의 실험 끝에 그 교실을 완성했다. 이 책은 바로 그 이야기다.

# 1장 작은 사회에 생긴 균열

## 미심쩍은 부동산 투자

교실 안에 작은 사회가 만들어졌다. 아이들이 직접 만든 학급 화폐. 그 화폐를 관리하는 은행원. 매주 재산을 조사하고 세금을 매기는 재산조사원 등. 다양한 직업 활동으로 매주 월요일마다 주급을 받는 사회. 그 주급으로 경매나 시장에서 원하는 물건을 소비하는 사회다.

여기까지만 해도 이 작은 세상은 평화롭게 굴러간다. 이제 막 새 학기가 시작된 3월 초. 이 작은 세상에는 아직 투자할 땅도 없고 주식도 없다. 하지만 이상하게도 전혀 불만이 없다. 한 명도 빠짐없이 모두가 행복해한다. 한 달만 지나도 아이들은 대출을 받고 싶어 안달이 나겠지만, 지금은 대출이 굳게 막혀 있는데도 아무도 아쉬워하지 않는다. 그 누구도 고통스러워하지 않고, 웃음이 끊이질 않는다. 조만간 벌어질 일은 아무도 모른다. 그저 원하는 만큼 벌고 원하는 만큼 쓸 수 있는, 욕망과 두려움 없이 깨끗하고 순수한 세상이다. 하지만 어느 날, 그 평화가 깨지기 시작한다.

이 한마디로.

**" 자, 오늘부터 교실에서 부동산을 투자할 수 있습니다."**

사탕을 구매하고 있던 아이들의 손이 순간 멈췄다. 갑자기 부동산이라니. 책상 자리를 사고 팔 수 있다니. 일해서가 아니라 돈으로 돈을 벌 수 있다니. 아이들은 호기심 어린 표정으로 규칙을 들여다본다.

**규칙 들여다보기**

❶ 자리를 사면 세입자에게 매주 임대료를 받는다. 임대료는 자리 가격의 1%다.

❷ 한 달마다 교실에서 자리를 바꿀 때, 자신이 소유한 자리에 앉을지 말지 선택할 수 있다.

→집주인

| | | | |
|---|---|---|---|
| 김강모<br>400<br>빈유림 | →산 가격<br>→앉은 사람<br>오예은 | 채모아 | 한이은 |
| 김강모 | 김승준 | 백수호 | 윤찬웅 |
| 임경효 | 한재웅 | X | X |

**자리표**
**예시**

자세한 규칙은
8장 부동산 파트에서
자세히 다루겠다.

"자리마다 굵은 선으로 경계가 그려져 있습니다. 그 안에는 세 칸으로 나뉘는데 맨 위 칸은 집 주인 이름, 가운데 칸은 산 가격, 맨 아래 칸에는 앉은 사람의 이름이 적혀 있습니다. 거래할 때는 집 주인 이름과 가격만 바꾸면 됩니다. 처음엔 모든 집의 가격이 200치킨(치킨: 우리 반 화폐 단위)입니다. 선생님한테 200치킨을 먼저 가져오는 사람이 원하는 자리의 주인이 됩니다."

이상하다. 아이들의 반응이 예상 밖이다. 몇몇을 빼고 대부분은 이 절호의 기회에 별다른 관심을 보이지 않는다. "제가 왜 부동산을 사요! 제 돈 뺏으려는 거죠?" 하며 속임수를 파헤치려는 듯한 미심쩍은 눈빛으로 노려본다. 현금 이외의 것들을 재산이라고 느끼지 않는 모양이다. 그냥 재산을 부동산표에 찍힌 숫자가 아닌, 화폐의 형태로 보고 싶다. 직접 눈으로 보고 만지고 싶다. 그래서 한동안은 200치킨을 넘게 가지고 있음에도 사기 싫어한다. 하지만 나는 매년 겪어서 알고 있다. 그 마음은 조만간 흔들리게 되어 있다.

아이들의 표정을 보면, 누군가에게 월세를 내는 게 그리 기분 좋은 경험은 아닌 듯했다. 그리고 누군가에게 월세를 받는 건 그렇게나 짜릿한 모양이었다.

"저기요 세입자 씨, 월세 내놔요!"

이날만을 기다려온 것처럼 어깨를 활짝 펼친 임대인은 손바닥을 내민 채 까딱까딱 흔들었다. 그 손바닥에 2치킨을 다소곳이 올려놓은 세입자는 13살 인생 최대 굴욕을 맛본 듯, 입술을 질끈 깨물었다. 순식간에 교실에 있던 열 개의 자리가 분양되었고, 그렇게 모든 자리가 교사의 손을 떠나 투자가 막을 올린다. 이제부터 역사는 아이들이 직접 만들어간다.

그런데 역사가 시작되자마자 일이 꼬인다. 이 투자라는 것이 어찌나 사람을 불안하게 하는지, 단 하루도 기다리지 못하고 실수를 저질러버린다. 어떤 학생이 빨리 돈을 빼고 싶은 마음에 이렇게 떠들고 다닌 것이다.

"나 200치킨짜리 땅, 300치킨에 팔게!"

눈 깜짝할 사이에 땅이 팔리자마자 그 사고파는 맛이 짜릿했는지 돈다발을 들고 하루 종일 자랑하고 다닌다. "지금 내가 최고 부자다! 이만한 현금 들고 있는 건 나뿐이다~" 하며 요란하게 웃는다. 아쉽게도 그 기쁨은 얼마 가지 못했지만.

다음 날, 어제 300치킨에 판 땅이 400치킨까지 오른 것이다. 그 땅만이 아니었다. 바로 옆에 있는 땅도 400치킨. 그 옆에 있는 땅도 400치킨. 친구들 사이에서 강남이라 불리는 땅은 무려 500치킨까지 올라버렸다.

'어떻게 하나도 빠짐없이 전부 오를 수 있지? 아니야, 나는 300치킨에 팔았는데 이제 와서 400치킨짜리 땅을 사는 건 말이 안 돼. 300치킨 아래로 내려오면 살지 말지 고민할 거야. 어차피 언젠간 떨어져. 다시 기회가 와. 아마 조만간일 거야.'

하지만 그 가격은 올 기미를 보이지 않는다.

"나 이번에 주급 받으니까 350치킨까지는 모을 수 있어. 350치킨에 팔아주면 무조건 살게. 좀 팔아줘~" 쉬는 시간마다 여기저기 물어보고 다니지만, 현재 가격보다 낮춰서 팔고 싶어 하는 사람은 아무도 없다. 다들 어찌나 단호하게 구는지, 지금 당장 돈이 급하지 않다면서 휙 지나쳐버린다. 안 되겠다. 더러워서라도 돈을 더 벌어야겠다.

부동산 가격이 400치킨까지 오른 뒤로, 분위기는 완전히 달라진다. 돈을 번 학생뿐만 아니라 그렇지 못한 학생까지, 모두가 열정적으로 몰입하기 시작한다. 그 어느 때보다 열심히 일하고 절약하며 벌금 한 번 내지 않는다. 그리고 이젠 서로 사고파는 사탕이 돈을 버는 이유가 아니었다. 학생들은 탐나는 간식 앞에서도 손에 쥔 돈을 꽉 움켜쥐며 "안 돼. 이 돈으로 차라리 땅을 살래!"라고 외친다.

사진 **02**

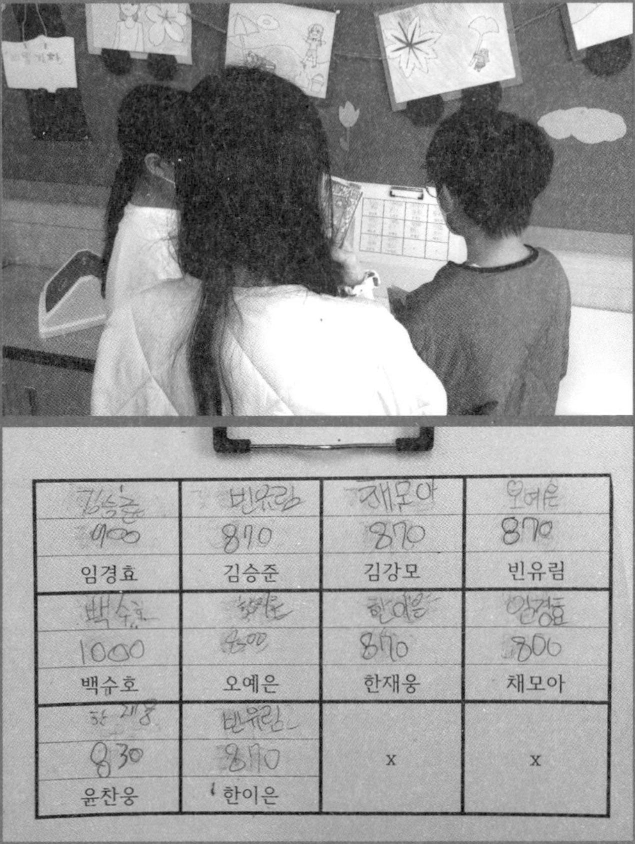

| | | | |
|---|---|---|---|
| 김승준<br>[illegible]<br>임경효 | 빈유림<br>870<br>김승준 | 채모아<br>870<br>김강모 | 오예은<br>870<br>빈유림 |
| 백수호<br>1000<br>백수호 | [illegible]<br>[illegible]<br>오예은 | 한예은<br>870<br>한재웅 | 임경효<br>800<br>채모아 |
| 한재웅<br>830<br>윤찬웅 | 빈유림<br>870<br>한이은 | x | x |

**평화로운**
**부동산 거래 모습**(상)**과**
**부동산 거래표**(하)

모든 자리가 교사의 손을 떠나 투자가 막을 올린다. 이제부터 역사는 아이들이 직접 만들어간다.

공책을 잃어버린 학생에게 학급 화폐로 공책을 구매할 기회를 주는데도, "차라리 진짜 돈으로 공책 사올래요!" 하고 단번에 거절하기까지 한다. 심지어 주말에도 일할 수 없냐고 물어볼 정도다. 그렇게 피땀 흘려 모은 돈들이 또다시 부동산으로 정열적으로 밀려들어 오더니, 집값엔 900이라는 숫자가 찍힌다.

땅을 300치킨에 팔고 떠난 학생은 이 부동산 표를 보고 다리에 힘이 풀려버렸다.

"선생님, 부동산 처음부터 다시 시작하면 안 돼요?"

내가 가르쳐본 3학년, 4학년, 6학년 모두. 이런 실수는 한 해도 빠짐없이 반복된다. 처음에 이런 난감한 상황을 겪는 투자자가 꼭 한 명쯤은 있다. 그래서 부동산을 다시 시작하진 않더라도, 노력하고 만회할 기회는 매년 충분히 준다. 직업과 부업 활동을 풍부하게 제시해서 돈을 벌 수단을 늘리는 것이다. 그랬더니 얼마 지나지 않아 반가운 소식이 들렸다. 뒤늦은 노력으로 그 학생이 다시 땅을 샀다고 한다. 이번엔 쉽게 팔지 않겠다는 다짐과 함께 말이다.

## 교실의 관제탑,
## 금리의 등장

"막상 해보니까 투자 뭐 별거 없네."

하며 배짱이 생기는 4월, 예금 이자가 들어선다. 아이들은 아직 모른다. 앞으로 이 금리라는 존재가 교실을 뒤흔들 거라는 걸 말이다. 이 금리로 인해 우리 반은 때론 열광하고, 때론 절망할 것이다. 이 금리 하나 때문에 웃음이 끊이질 않고, 금리 하나 때문에 눈물이 멈추질 않을 것이다. 금리가 일으킨 파장은 모두에게 부자가 된 듯한 착각을 안겨주기도 하지만, 반대로 금리로 인해 여러 투자자와 사업자들은 파산하기도 하고, 우리 반은 살아남은 사람들과 그렇지 못한 사람들로 나뉠 것이다. 하지만 아이들은 아직 모른다. "갑자기 왜 금니가 등장해요?"라며 천진난만하게 웃어넘길 뿐이다.

"은행에 저금해두면 매일 아침, 저금한 돈에 이자를 덧붙여 줍니다. 오늘부터 예금 이자는 하루 2%씩 지급됩니다. 하루가 지나면 100치킨은 102치킨으로, 200치킨은 204치킨으로, 1,000치킨은 1,020치킨으로 늘어납니다. 그런데 만약 589치킨이 있다면 뒤에 두 자리를 버려서 500치킨으로 보고, 이자 10치킨을 지급합니다."

어떤 학생이 공책에 무언가를 끄적이다가 이상하다는 듯 인상을 찌푸린다.

'이 900치킨으로 집을 사면 월세는 집값의 1%니까 매주 9치킨이네? 근데 저금을 하면 하루 이자가 2%니까 900치킨이면 매일 18치킨, 그러면 일주일 동안 5일 등교하니까 이자를 매주 90치킨 받잖아?'

매주 월세 9치킨과 매주 이자 90치킨. 9과 90의 크기를 비교하는 건 2학년도 할 줄 안다. 당연히 은행에 저금해야 한다. 매주 이자를 90치킨씩 몇 번 받다가 나중에 집을 사도 늦지 않는다. 벌써 사는 건 바보 같은 짓이다. 이건 수학 교과서에 있는 기본 문제다. 수의 크기를 비교하는 문제는 한두 문제 푼 게 아니었다. 자신만만했다.

믿기지 않는 일이었다. 공책에 열심히 끄적였던 수식들을 비웃는 듯, 다음 주 집값이 900치킨에서 1,800치킨으로 2배 올랐다. 아무리 되감기를 해봐도 전혀 납득이 되지 않는 결과였다.

'내가 뭘 놓쳤던 거지? 뭔가 잘못된 거 아니야? 예금 이자 90치킨을 놔두고 왜 다들 월세 9치킨을 받겠다는 거야? 이게 말이 되나? 당연히 저금하는 게 맞는 줄 알았는데 왜 부동산을 산 친구들이 더 큰돈을 벌지?'

사진 03

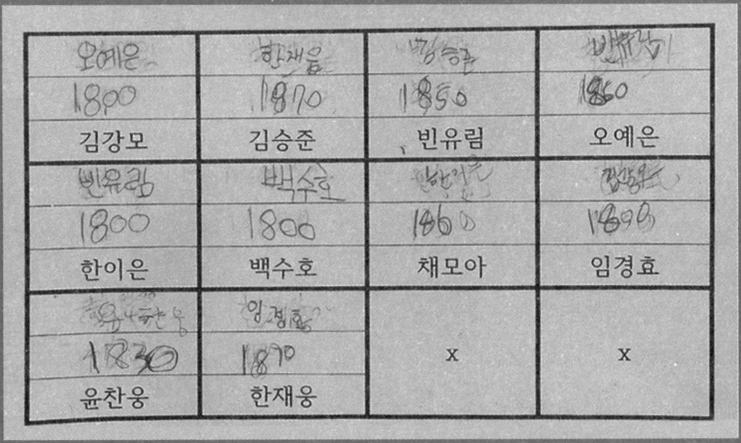

| | | | |
|---|---|---|---|
| 오예은 | 한재웅 | 김승준 | [illegible] |
| 1800 | 1870 | 1850 | 1860 |
| 김강모 | 김승준 | 빈유림 | 오예은 |
| 빈유림 | 백수호 | [illegible] | [illegible] |
| 1800 | 1800 | 1860 | [illegible] |
| 한이은 | 백수호 | 채모아 | 임경효 |
| [illegible] | 임경효 | | |
| 1830 | 1870 | x | x |
| 윤찬웅 | 한재웅 | | |

**두 번째**
**부동산 거래표**

믿기지 않는 일이었다. 공책에 열심히 끄적였던 수식들을 비웃는 듯, 다음 주 집값이 900치킨에서 1,800치킨으로 2배 올랐다.

현실은 꽤나 복잡했다. 집값이 900치킨일 때 은행 계좌에 기껏 해봤자 400, 500치킨 정도만 들어있으면, 한동안 집값은 오르지 않는다. 그런데 만약 1,500치킨, 1,800치킨처럼 집값을 훌쩍 넘어서는 예금을 가진 고객이 여러 명이면 얘기가 달라진다. 그 예금 고객 중 한 명이라도 마음을 달리 먹어서 부동산으로 들어왔을 때 도미노처럼 연쇄반응이 벌어지며 이는 시장 전체를 흔들어놓는다. 그러면 높은 이자율에도 불구하고 해석하기 힘든 상승이 일어난다.

이렇게 복잡한 상황에서 은행에 저금했던 돈들은 '부동산은 월세 받는 수단'이라고만 생각하고, 부동산 가격이 오를 수 있다는 건 고려하지 않았다. 게다가 부동산 가격이 올랐으니 집값의 1%인 월세마저 9치킨에서 18치킨으로 올랐다. 이렇듯 조급한 마음으로 300치킨에 판 학생 말고도, 착실히 저금하고 이자를 받았을 뿐인데 지붕만 쳐다보게 된 학생도 생긴다.

앞으로 1년 동안 단 한 주도 빠짐없이 느끼게 될 교훈이었다. 수학 교과서에 담긴 기본 문제와 달리 경제 현상은 단순하지 않다.

## 의심을 먹고 자라나는 집값

교실 속 경제 현상들을 조용히 관찰하던 어느 날, 수상한 흔적을 발견했다. 이건 분명 누군가 돈을 훔친 증거였다. 현금, 예금, 부동산을 합한 재산을 조사해보니, 지난 일주일 동안 나는 교실에 돈을 3,000치킨밖에 안 풀었는데 아이들의 재산은 일주일 동안 총 10,000치킨이 늘어나 있었다. 대체 누가 겁도 없이 7,000치킨이나 되는 거금을 금고에서 꺼내간 걸까?

나는 믿을 수 없다며 부정했다. 차마 아이들을 의심할 수 없다며 괴로워했다. 혹시 금고에 몰래 손을 댄 적 있냐고 어렵게 물은 질문에, 한 치의 망설임도 없이 '아니요'라는 답이 돌아왔다. 아이들의 표정은 교실이 아닌 세상마저 무섭게 만들 만큼 섬뜩했다. 그래서 나는 차라리 나 스스로를 의심하기로 마음먹었다. 하지만 그 마음이 한 번 더 깊게 무너져내린 건, 상처가 아물기도 전에 그 일이 다음주에도 똑같이 벌어졌을 때였다.

대체 누구의 짓일까? 이번에는 그냥 넘어갈 수 없다며 치밀하게 조사했다. 지난주 직업활동으로 벌어들인 소득, 투자해서 얻은 소득, 거래내역 등 모두 긁어모아서 하나하나 따져본 끝에, 드디어 범인을 잡아냈다. 바로 부동산이었다.

자산 시장에는 참 이상한 일이 벌어진다. 교실 안에 1번부터 10번까지 번호가 매겨진 10개의 집이 있다고 상상해보자. 집 가격이 모두 1,000이고, 그러면 집값의 총합은 10×1,000인 10,000이다.

어떤 학생이 자산 시장에 2,000을 갖고 온 날이었다. 그 돈으로 1번 집을 사게 됐고, 그 말은 1번 집 주인은 2,000을 받았다는 뜻이다. 그런데 그 돈으로 저금하자니, 집값이 오를까 봐 겁이 났다. 게다가 이자 대신 월세를 받는 것도 나쁘진 않으니, 바로 옆에 있는 2번 집을 2,000으로 산다. 그 다음 2번 집주인은 바로 옆에 있는 3번 집을 사고 이 과정이 반복되면서 집값은 모두 2,000으로 올라버린다. 그리고 마지막으로 팔린 10번 집의 주인은 자신의 손에 쥐어진 현금 2,000으로 살 만한 집이 없다며 은행으로 떠나버린다.

결국 자산 시장으로 2,000이 들어왔다가 2,000이 나갔으니 결론적으로 합계는 0이다. 하지만 교실 부동산의 규모는 10×2,000=20,000이다. 최종적으로는 돈이 0만큼 들어왔는데 집값의 규모는 10,000이나 커졌다. 즉, 자산 시장은 풀린 돈만큼만 늘지 않는다. 돈이 밀물처럼 들어오는 이상, 자산 시장에는 가속도가 붙는다.

자산 시장만이 아니었다. 모든 물건의 가격이 올랐다. 지난달 경매 시장에서 가장 비싼 물건이었던 캐릭터 인형이 100치킨에 팔려 모두를 경악하게 만들었는데, 이제는 자그마한 사탕 하나가 100치킨이다. 내 재산은 분명 매주 늘고 있는데 물가는 매일 올라버리니, 왠지 모르게 가난해진 느낌이다. 혹시 누가 억지로 가격을 조종하는 게 아닐까? 그들을 상대로 우리가 똘똘 뭉쳐 맞서 싸워야 하지 않나? 그래서 어느 날, 물가 상승을 막겠다며 불매 운동이 벌어졌다.

"야, 우리 앞으로 가격이 반토막이 날 때까진 어떤 물건도 사지 말자!"

"맞아, 서로 배신하지 않기다!"

이 결심 덕분에 실제로 물가가 주춤했고, 모두들 승리를 확신했다. 앞으로 사탕을 반값에 살 수 있고, 인형도 원래 가격인 100치킨에 살 수 있는, 모두가 부자인 세상이 찾아오기 직전이다.

하지만 돈은 걷잡을 수 없이 늘어나 새로운 화폐 단위가 필요해질 정도로 넘쳐났다. 기껏해야 500, 1,000이 찍혀 있던 은행 계좌에는, 집값 상승의 여파로 2,000, 3,000이 우스울 만큼 큰 숫자들이 가득 찼다.

'너무 배고픈데 간식 딱 하나만 사면 안 되나?'

'내 재산이면 이 간식들 전부 다 사고도 남잖아?'

'간식들을 싸게 사놨다가 나중에 비싸게 팔아버릴까?'

굳건한 다짐으로 똘똘 뭉쳤던 불매 운동은 어느새 약속한 듯이 잊혔다. 오히려 그동안 주춤했던 물가를 보복하는 것처럼 가격이 치솟았으며, 그 가격에도 사는 사람이 있을 만큼 돈은 넘치고 또 넘쳐났다. 그래, 물가는 그렇다 치자. 그런데 주급은 왜 이렇게 안 오를까? 10배나 오른 물가처럼 임금도 10배 올라야 하지 않나? 왜 2배, 3배 찔끔찔끔 오를까?

이 불만에서 시작된 운동이 파업이었다. 우리 모두 합심해서 일을 거부한다면 선생님 입장에서는 임금을 올릴 수밖에 없고, 그렇게 되면 물가 상승은 충분히 용서할 만한 문제였다. 그런데 선생님의 태도가 심상치 않다. 2명씩 뽑던 은행원을 1명으로 줄여도 교실은 충분히 잘 돌아간다고 하고, 재산조사원 같은 직업은 간편한 재산 신고 절차로 대신한다고 발표한다. 파업이 지속되면 어쩔 수 없다는 입장이다. 이렇게 갑작스레 줄어든 일자리는 오히려 임금을 폭락시켰다. 다른 친구들이 돈을 버는 동안 나만 못 벌게 될까 하는 다급한 마음에, 낮은 주급으로도 일하겠다며 여기저기서 손을 든 것이다.

어찌 보면 최악의 세상이다. 집값과 물가는 치솟고 주급은 떨어지는, 그런 말도 안 되는 세상. 모두가 짜고 친 듯 우리를 괴롭히고, 우리를 외면하는 세상 말이다.

하지만 그런 잔인한 세상에 한 가지 희망이 있다면, 우리 교실에서는 임금을 인위적으로 올려준다는 점이다. 일자리도 줄이지 않는다. 일부러 불필요한 일자리까지 만들어준다. 이 덕분에 아직은 매일 사탕 1개의 여유 정도는 즐길 수 있다. 현재 받고 있는 주급을 고려하면, 집값 또한 비싸지 않다. 지금은 PIR이 낮은 편이다.

PIR. 몇 년 치 연봉을 모아야 현재 집값을 마련할 수 있는가. 즉, 소득 대비 집값을 의미하는 PIR(Price Income Ratio, 가격/소득 비율)은 실제로도 자주 활용되는 지표다. KB부동산 통계에 따르면 서울의 PIR은 2008년에는 7이었다가, 2023년에는 14.5로 올랐다. 즉, 2008년에는 7년 동안 번 돈을 모으면 평균적인 가격의 집을 살 수 있었지만, 2023년에는 14년 6개월 동안 번 돈을 모아야 했다. 물론 번 돈을 모두 모을 수 없으니 생활비를 뺀 금액으로 계산하면 아마 대략 30년 이상이겠지만.

다행히도 교실 부동산 PIR은 낮은 편이다. 교실 속 1주를 1년이라 쳤을 때, 아이들의 연봉은 평균 600치킨이고, 집값은 평균 1,800이기 때문이다. 즉, 현재 PIR은 3이다.

그럼에도 교실 속 반응은 갈린다. 몇몇은 자기가 팔았던 가격인 900치킨 언저리까지 내려와야 산다고 버티는 중이다. 내가 얼마에 샀고, 얼마에 팔았는지가 무척이나 중요한 모양이다. 분위기가 썰렁하다 보니, 부동산을 들고 있는 투자자조차도 내심 불안해한다.

'생각해보니까 200치킨에서 시작했잖아.'

'1,800치킨까지 9배 올랐으면 충분히 오른 거 아닐까?'

'이제 떨어질 수도 있으니까 안전하게 미리 팔아둘까?'

이 불안에 힘입어 "지금 땅 사면 나중에 후회할 거야~"라고 경고하는 폭락론자가 나타난다. 어떤 학생은 친구의 두 팔을 붙잡고 잔뜩 인상을 찌푸리며 만류하기까지 한다.

"야, 진짜 내 말만 믿어봐. 지금 사는 건 위험하다니까?"

이렇게 서로를 진심으로 걱정할 만큼 돈독했던 그 둘은 내가 던진 이 한마디로 어색한 사이가 되어버렸다.

## "오늘부터 예금 금리는 1%로 내려갑니다."

어쩌면 그동안 부동산은 대중들의 의심을 먹고 자랐던 게 아닐까. 금리가 내려가자마자 은행에 있던 돈들이 부동산으로 흘러갔고, 단숨에 집값이 2,500치킨을 넘어섰다. 그 모습을 두 눈으로 목격한 뒤로 모두의 의심은 사라졌다. 시도 때도 없이 "부동산은 떨어질 거야~"라고 하던 의심들은 "부동산이 어떻게 떨어지냐?"라며 비웃는 굳센 믿음으로, 때로는 종교적인 신념으로 탈바꿈했다.

"선생님, 저 신기한 거 발견했어요! 옛날에는 현금을 들고 있어야 마음이 편안하고, 땅을 들고 있으면 불안하고 막 걱정됐는데, 이제는 현금을 들고 있으면 불안하고, 땅을 꾹 들고 있어야 마음이 한결 놓여요!"

부동산만 변한 게 아니었다. 모두가 변해 있었다.

자, 이제 잠깐만 멈춰서, 지금까지 있었던 일을 한번 정리해보자. 매번 교실에 돈이 풀리며, 물가가 오르고 자산 가격도 올랐다. 그에 맞춰 높아진 임대료와 그에 반해 낮아진 금리는 집값을 더욱 자극했다. 그랬더니 대중의 의심에도 불구하고 집값이 꾸준히 상승했다. 그러면 혹시 그 반대의 경험도 가능할까?

# 2장 돈만 벌면 투자라는 착각

## 복권 사업으로 이해하는 투자와 도박의 차이

"선생님, 복권도 투자 아니에요? 5,000원만 사도 10억을 벌 수 있잖아요?"

투자의 쓴맛을 보여주려던 찰나, 생뚱맞게 들어온 질문이다. 투자로 혼쭐이 나기엔 아직 그 개념도 모르는 것이다. 그렇다고 복권과 투자를 구분하기 위해서 확률과 기댓값을 가르치기는 어렵다. 직접 복권을 겪는 수밖에 없다.

복권 한 장당 100치킨으로 정하고 몇 장 살지 물어본다. 한 명당 최대 5장이다. 첫 고객이 "2장이요."라고 말하며 200치킨을 내 책상 위에 놓는다. 그러면 번호 1번과 2번을 준다. 다음 고객이 "4장이요."라고 하며 돈을 놓으면 아까 2번까지 발행했으니 3번부터 6번까지 건네준다. 이런 식으로 발행하고 나니, 책상 위에 돈이 3,000치킨가량 쌓여 있다. 이제 상금을 정해볼 차례다.

"자, 여기 너희들이 놓고 간 3,000치킨에서 선생님도 복권 사업으로 수익이 있어야 하니까 한 500치킨만 떼고 2,500치킨으로 상금을 정해보자! 3등은 200치킨! 2등은 300치킨! 1등은 2,000치킨!" 귓가에 환호 소리가 요란하게 울린다.

잠시 후, TV 속 번호 추첨 프로그램이 현란하게 돌아가자, 모두의 시선은 TV 화면을 뚫을 듯하다. 이 순간에 세상에서 저 숫자보다 중요한 건 없다. 만약 내 번호가 나오면 100치킨으로 2,000치킨을 벌게 되는 셈이다. 5장씩 꽉 채워서 샀을수록 당첨될 가능성이 높아진다. 하지만 남들보다 더 큰 돈을 잃을 확률도 크다. 아니, 사실 이미 잃은 뒤다.

"1등 당첨자는 7번!"

오! 하면서 자신의 복권 용지와 TV 화면을 번갈아 쳐다보는 한 명. 찰나의 실망으로 삐딱하게 고개를 젓는 나머지. 그렇게 교실은 둘로 나뉜다.

"이 상금으로 뭐부터 사지?", "나만 빼고 다 돼.", "내가 이럴 줄 알았어!" 당첨되지 못한 고객들은 분노를 담아서 복권 용지를 박박 찢고, 굳이 시키지도 않았는데 발로 꾹꾹 눌러서 부피를 최대한 줄인 뒤 버린다.

"다들 재미없지? 복권 체험은 여기서 그만할까?"

매년 대답은 항상 똑같다. "아니요! 딱 한 번만 더 해요!"

다시 줄 설 차례가 오면, 모두의 손에는 최대 한도인 500치킨이 쥐어져 있다. 그 말은 이번엔 역대 최대 상금이 걸린다는 뜻이다.

"자, 5,000치킨이 모였고 여기서 복권 회사가 700치킨만 뗄게. 3등 상금은 300! 2등 1,000! 1등은 3,000!" 또 한 번 자지러지는 함성 소리가 꽉 찬다.

"당첨자는!!"

숨이 멎는다. TV를 곁눈질로 쳐다보며 되뇐다. "아, 이번에 번호 잘못 골랐어. 나 이번에 안 된다. 이번에 뭔가 안 될 것 같아. 이번에 안 돼." 그러면서도 한쪽 눈으로는 뚫어져라 번호판을 쳐다본다. 그리고 발표되는 1등 당첨자.

당첨 소식과 함께, 번쩍 뛰어오른 한 학생이 나를 향해 돌진한다. 나머지 친구들은 벌써 무언가를 힘차게 밟고 있다. 내 앞으로 다가오던 당첨자는 웃음이 터진 나머지, 배를 부여잡고 쓰러지며 웃음을 토해내듯 마저 뱉어냈다. 이제껏 본 모습 중에 가장 짜릿한 웃음이었다. 그리고 나는 익히 알고 있다. 그 웃음이 얼마나 무서운 웃음인지 말이다. 축복 같았던 그 행운은 잠시 후 저주처럼 작동하기 때문이다.

멈출 수가 없다. 단 한 번이라도 그 승리의 맛을 봤다면 그 기억은 쉽게 잊히지 않는다. 아이들은 복권을 부동산 투자하듯이 하면 벌 거라 확신했다. 점심시간은 물론이고, 쉬는 시간까지 희생해서 열심히만 하면, 혹은 빌고 또 빌면 될 줄 알았다. 줄을 섰다가 위치를 바꿔서 다른 번호를 받으면, 이전과는 다른 운명이 펼쳐질 것 같았다. 그런데 선생님 책상 한편에는 돈이 자꾸만 쌓여 갔고, 우울함을 감출 수 없는 표정이 하나둘씩 늘어 갔다. "선생님! 왜 자꾸 웃고 있어요?!" 하며 삿대질하는 진상까지 생겼다.

"은행원! 나 계좌에서 1,000치킨만 빼줘. 이번이 진짜 마지막이야!"

"아! 또 꽝이야! 왜 나만 안 돼! 왜 자꾸 나만!"

"야, 너 울어?" 10번 연속으로 꽝에 걸린 고객이 그동안 날린 돈을 계산하던 중, 손으로 자신의 눈가를 덮었다.

이쯤 되면 나도 양심이 찔린 나머지, 비밀을 슬쩍 누설한다. "자, 복권으로 번 사람도 있고, 잃은 사람도 있네. 그런데 항상 돈을 번 사람이 있다? 바로 복권 사업을 진행한 선생님이야. 대체 이 돈이 어디서 온 걸까?" 운이 좋아 3~4번 당첨된 한 명과 선생님이 공공의 적이 된 순간이다. 그 둘을 향한 야유와 분노로 책상들이 마구 들썩거린다.

**"그게 복권이야."**

흥미로운 건 그다음이다. 우리 반에서 이 복권 사업을 직접 해볼 사업자를 구한다. 아까 내가 진행한 방식대로는 아니다. 물론 그 방식만의 장점이 있지만 복잡하고 번거롭다. 시간이 많이 든다. 그래서 사업자에게 추천하는 방식은 포스트잇 100장 중 딱 3장에 각각 3등, 2등, 1등을 적고 난 다음, 100장의 포스트잇을 두 번씩 접은 뒤 상자에 넣는 것이다. 그리고 이때 절대 잊지 말아야 하는 영업 비밀 하나를 알려준다.

"복권 하나당 가격은 얼마로 할 거야? 50치킨? 그럼 상자 안에 있는 복권 100장을 다 뽑으려면 5,000치킨이 필요하지? 그럼 이제 꼭 지켜야 하는 게 있어. 1, 2, 3등 상금을 합한 금액이 5,000치킨을 넘으면 안 돼. 총 상금이 복권 전체 가격보다 적으면 적을수록 네가 더 많이 벌게 될 거야.

그런데 상금이 너무 적으면 아무도 안 살 테니까, 돈을 벌 수가 없어. 가장 많이 벌 수 있는 적당한 지점을 잘 찾아야 돼."

여기까지의 이야기를 듣던 동료 교사가 이렇게 물었다.
"어차피 복권 사업은 이제 끝 아니에요? 이미 복권 사업으로 돈을 빼앗아가는 시범을 보여줬는데도 애들이 복권 사러 와요?"

온다. 아니, 많이 온다. 매년 그랬다. 어쩌면 이게 어른들의 모습이 아닌가 싶다. 많은 어른들이 어떤 행위가 확률적으로 손해에 가깝다는 것을 얼추 알면서도, 심지어 복권 당첨금에 세금까지 떼면 기댓값이 절반 이하로 떨어진다는 걸 알면서도, 나는 다르겠지라는 마음에 눈이 멀듯이 말이다.

'당첨되면 어떤 기분일까? 단 한순간에 집값만큼 큰돈을 버는 건 어떤 느낌일까? 깨고 싶지 않은 꿈을 꾸는 기분 아닐까? 어쩌면 이번에는 내가 그 주인공이 될 수도 있지 않을까?'

쉬는 시간마다 복권 상자 앞에는 긴 줄이 서 있다. 정말 운이 좋게도 가끔 1등이 연속으로 나와서, 복권 사업자가 꽤 많은 당첨금을 빼앗기는 날도 있다. 하지만 시간이 지날

사진 **04**

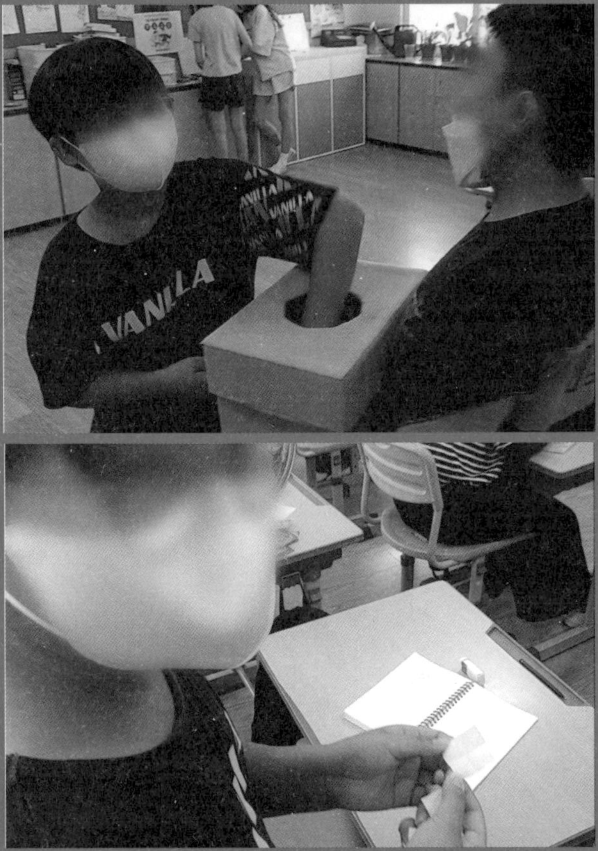


**복권 사업 활동**

멈출 수가 없다. 단 한 번이라도 그 승리의 맛을 봤다면 그 기억은 쉽게 잊히지 않는다. 아이들은 복권을 부동산 투자하듯이 하면 벌 거라 확신했다.

수록 결국 복권 사업자의 곁에 수익금이 꾸준히 쌓여간다. 아직 개업한 지 일주일도 안 지났는데 어느새 100치킨짜리 화폐가 한 손으로 잡을 수 없을 만큼 두껍게 쌓여있다. 복권 구매자들은 저 수익금을 다 자신들에게서 얻었다는 걸 알면서도, 1등에 여러 번 당첨되면 저 돈을 몽땅 빼앗아 갈 수 있다는 희망으로 끊지를 못한다.

"은행원! 나 계좌에서 1,000치킨만 빼줘. 이번이 진짜 마지막이야!"

"왜 자꾸 꽝이야?! 야, 너 이거 1등 당첨 용지 어디 따로 빼놨지? 이 상자 안에 1등 당첨 용지 없다는 거에 내 손모가지 건다!" 그동안 몇백 치킨, 많게는 몇천 치킨씩 갖다 바친 고객들에게 음모론이 떠돌기 시작했다. 이 모든 게 사기라면 그동안 잃은 돈은 다 돌려줘야 하고, 심적인 피해보상금까지 내놓아야 한다며, 모두들 달려들어서 용지를 하나하나 까뒤집었다.

"여기 3등 찾았어!"

"여기 2등도 찾았어. 1등은 아직 없어. 이제 몇 개 안 남았으니까 빨리 다 뒤집어 까 봐!"

"…이게 있긴 있었네. 여기 1등 찾았어."

그렇게 죽음의 위기를 넘긴 복권 사업자가 한 달 동안 가장 많이 번 직업이 되고 나서, 반 분위기는 사뭇 달라진다. 복권이 투자가 아니었다는 비밀을, 단순히 돈을 벌 수 있다고 해서 투자가 아님을 이해한 듯한 경멸의 눈빛들이다. 이를 틈타서 나는 이런 질문을 던진다.

"복권을 하면 할수록 가장 확실한 승자는 복권 사업자였어. 어쩌면 1등 당첨자보다 더 벌었잖아. 그러면 도박장, 카지노를 떠올려볼까? 그 장소를 마련하고 기계를 들이고 종업원을 뽑고 게임을 운영하는 사업자들은 대체 누구한테서 돈을 그렇게 많이 벌어들이는 걸까?"

아이들의 입이 아, 하며 벌어졌다.

## 몸무게와 걸음 수
## 투자의 잘못된 방향

복권이 투자가 아니라는 건 모두가 이해했다. 오히려 도박에 가깝다는 걸 안다. 하지만 정작 투자가 무엇인지에 대해서 아이들은 아직 모른다. 그런데 사실, 어른들이라고 알까?

투자란 돈으로 돈을 버는 것? 시간과 돈을 쏟아 정성을 다하는 것? 미래를 보고 무언가를 사고 파는 것?

투자를 가르치려는 나조차도 막상 그 물음에는 제대로 된 답을 해주지 못했다. 그래서 세계적인 투자자들의 강연과 영상, 저술한 책 등을 꾸준히 접하기 시작했다. 그중에서도 미국의 워렌 버핏과 찰리 멍거, 한국에서는 박홍일 투자자와 최준철 투자자로부터 가장 큰 영향을 받았고, 아이들에게 말해줄 만한 문장 하나를 발견했다.

**투자란**

**더 가치 있는 자산을 갖는 것.**

현재 아이들 입장에서는 현금이라는 자산을 들고 있을지, 부동산이라는 자산을 들고 있을지의 선택이 그 예시다. 물론 교실 부동산 안에서도 가치 있는 자산과 그렇지 않은 자산이 나뉜다. 그리고 거기서 생기는 흔한 오해가 있다. 가장 가격이 낮은 자리가 가장 가치 있다고 여기는 것이다.

아이들의 생각처럼 '가치 있다'는 말은 가격이 낮은 자산만을 가리킬까? 찰리 멍거에 따르면 그것만이 가치 투자는 아니다. 입지가 좋은 땅은 싸게 살 수 없다. 회사도 수익 모델과 기업 경쟁력, 산업 동향, 경영자의 자질 등이 받쳐주는 곳은 비싸게 사야 하지만, 비싼 값을 주더라도 더 가치 있는 자산일 수 있다. 그것 또한 가치 투자이다.

그러면 전국에 많은 경제교실 선생님이 진행하고 있는, 교사의 몸무게와 걸음 수 투자는 어떨까? 선생님의 몸무게가 오르면 아이들이 돈을 벌고, 선생님이 전날 많이 걸으면 돈을 버는 방식 말이다. 이것도 가치 투자일까?

물론 그런 체험도 나름의 의미가 있지만 투자의 기본과는 다소 거리가 멀어졌다. 수많은 투자의 대가들이 강조하는 투자의 기본은 '시간의 편에 서는 것'이다. 그리고 보통 현금이라는 자산을 꾹 들고 있는 건 시간의 반대편에 서 있는 전략이다. [사진 05]의 그래프와 같이, 각 나라가 경제성장을 위해 통화량을 꾸준히 늘려서, 시간이 갈수록 현금의 가치가 뚝뚝 떨어지기 때문이다.

그런 의미에서 몸무게나 걸음 수 투자는 시간의 편에 서는 전략이 아니다. 딱히 통화량에 영향을 받지 않는다. 그와 상관없이 큰 폭으로 등락만 반복할 뿐이다. 그래서 앞으로 가치가 꾸준히 상승할 자산에 투자하는 것이 아닌, 홀짝을 맞추는 투기가 될 수밖에 없다.

설상가상으로 그 투기에서 큰 폭의 상승을 맛본 이들은 그 맛을 잊지 못한다. 큰 폭의 상승 뒤에 잘 빠져나와 하락을 피한 이들은, 투자란 '오르면 팔고 떨어지면 사는 단순한 행위'라 판단한다. 수많은 개미투자자가 장기적으로 3배, 4배 오르는 종목은 5%만 먹고 팔고, 떨어지는 종목은 바닥

사진 05

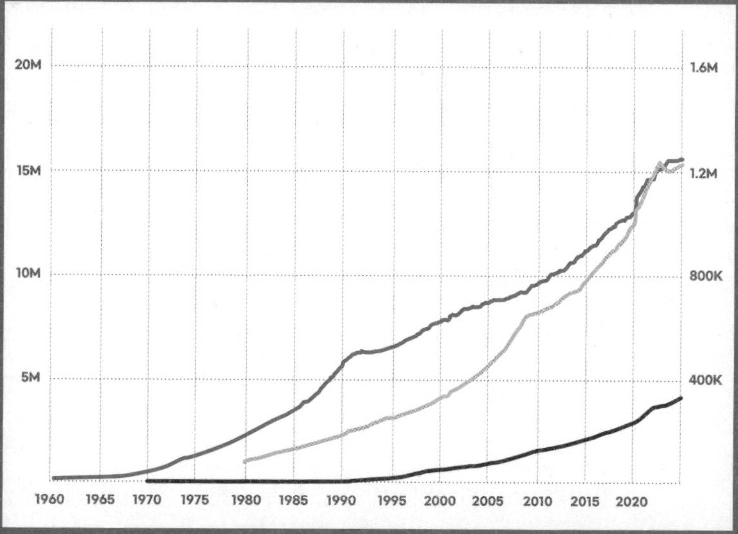


**각국의 M2 통화량 그래프**

현금, 예금, 적금을 포함한 M2 그래프로
파란선-엔, 하늘색선-유로,
검은선-원화를 뜻한다.

인 줄 알고 샀다가 지하실을 발견하고 -50%의 손실을 보는 데도 말이다.

통화량의 영향을 받지 않는 특징뿐만 아니다. 부동산의 경우 임대료를 가져다주고, 주식의 경우 배당을 나눠주지만, 몸무게나 걸음 수는 현금 흐름을 창출해내지 못한다. 그저 선생님이 최근에 밥을 많이 먹었는지와 전날 몇 걸음을 걸었는지에 대한 단편적인 뉴스를 듣거나, 가격 변동을 그려놓은 차트를 봐야 하는 자산이다.

이같이 뉴스나 차트를 참고하는 투자는 특히나 주식에서 큰 독이 된다. 이와 관련해서 《3개의 질문으로 주식시장을 이기다》의 저자 캔 피셔는 다음과 같이 주장했다.

"모두에게 공개된 정보는 더 이상 가치를 가지지 않는다."

어떤 회사가 한 주당 1만 원의 가치가 있다고 해보자. 만약 100명 중에 2~3명만이 이 정보를 알고 있다면 가격이 얼마까지 오를까? 이 2~3명이 큰 자금을 굴리지 않는 이상 1,000~2,000원쯤일 것이다. 그럼 100명 중에 10명이 안다면? 한 5,000원쯤까지도 가능하다. 100명 중에 50명이 안다면? 이미 9,000원까지 올라있을 거다. 아니, 어쩌면 10,000원을 넘을지도 모른다.

즉, 뉴스나 차트는 100명 중에 2~3명만 아는 정보가 아니라, 100명 중에 50명, 아니 70~80명이 아는 정보여서, 그 정보를 바탕으로 매수하면 손실을 보기 쉽다. 여의도 선수들만 봐도, 종목을 들고 있다가 호재 뉴스가 나오면 팔아버리는 일이 비일비재할 정도다.

정리하자면, 현재 전국에서 유행하는 몸무게와 걸음 수 투자 교육은 세 가지 문제가 있다.

아이들을 단기 투자자로 만든다는 점.

현금 흐름을 창출하지 못한다는 점.

뉴스나 차트에 의존한다는 점이다.

## 돈 버는 아이들의 두 가지 비밀

그렇다면 과연 투자를 어떻게 가르쳐야 할까? 이는 우리 반에서 돈 버는 아이들의 두 가지 공통점에 힌트가 있다. 그 아이들이 부동산의 가치에 대해 더 많이 알고 있을까? 금리와 부동산 임대료, 풀린 통화량, PIR(소득 대비 집값), 부동산 정책 변화 등을 종합적으로 살피고 분석할까? 보통 그렇지 않다. 물론 실제 투자에선 정보를 분석하는 능력이 중요하지만, 그건 초등학교 교실에선 가르치기 매우 어렵다.

또한 워렌 버핏의 조언처럼, 투자자로서 갖춰야 할 건 지적 능력이 아니라 올바른 기질이다. 따라서 나는 정보 분석은 어느 정도 내려놓고, 어떤 태도를 가르칠지에 더 집중한다. 돈 버는 아이들은 정보가 아닌, 이 태도 하나만으로도 돈을 벌기 때문이다.

**"그건 바로 본능에**
**거스를 줄 아는 태도다."**

여기서 말하는 본능은 조급한 마음과 군중 심리, 질투심을 가리킨다. 사람들은 누구나 돈을 빨리 벌고 싶어 하지 늦게 벌고 싶어 하지 않는다. 본능이 조급한 마음을 만든 탓이다. 또한 본능은 다수의 의견에 맞서기보단 다수의 동의와 호응에 안도감과 편안함을 느끼게 하며, 질투심으로 인해 주변 사람들이 돈 버는 꼴을 가만히 두고 보지 못하게 한다. 위험한 줄 알면서도 도저히 참을 수 없어서 기어코 따라 사게 만든다.

**"그렇다고 꼭 이 본능에 맞서야 하나?**
**같이 따라 사서 벌 수도 있지 않나?"**

그 힌트는 본능이라는 단어 자체에 있다. 본능은 즉, 인간 대다수가 태생적으로 가지고 있는 특성을 의미한다. 몇몇은 예외겠지만, 대다수는 조급한 마음, 군중 심리, 질투심을 지니고 있고 이에 따라 투자한다는 것은 다수에 속한다는 뜻이다. 그리고 다수에 속하는 것은 돈을 쉽게 잃는 결과로 이어진다.

### "왜 다수에 속하면 잃을까?"

뉴스에서 예금으로 머니무브가 일어난다는 소식을 듣고 따라가면, 혹은 주식이 연일 신고가를 갱신하며 소위 "가즈아!"를 다 같이 외치는 행렬에 동참하면 왜 보통 잃는 걸까? 그 다수의 힘으로 더 탄탄하게 가격이 올라갈 수 있지 않나?

다수에 속한다는 말은 다수가 사려고 모인 자산 앞에 같이 서 있다는 뜻이며, 다수가 도망친 곳에 나란히 서 있다는 의미다. 보통 다수가 사려고 모여든 자산은 수요 공급 법칙에 의해 비싸져 있다. 다수가 도망친 곳 반대편에는, 수요 공급 법칙에 의해 매우 싸져 있는 가격의 자산들이 널려있다. 그리고 비싸져 있는 자산을 사거나 싼 자산을 사지 않는다는 말은 확률상 손해를 본다는 의미다. 항상 잃는 것은 아니지만 대개는 잃기 쉽고, 잃을 때 크게 잃기도 쉽다.

잠시 후 3장에서 벌어질 투기 열풍 속에서 흥분한 아이들이 땅을 마구 사들일 때, 분위기에 휘둘리지 않고 땅을 팔 수 있는 이들은 소수다. 집값이 폭락하고 나서 체념한 아이들이 하나둘씩 떠나간 자리에 서있는 이들도 소수다. 그 소수가 돈을 번다. 따라서 남들과는 반대로, 조급해하지 않고 휩쓸리지 않으며, 논리적으로 판단하고 행동하는 태도. 그게 바로 첫 번째 비밀이다.

하지만 이 비밀이 전부는 아니다. 이 태도를 똑같이 갖춘 두 명의 투자자 사이에서도 눈에 띄는 차이가 보일 때가 있는데, 그 차이는 죄수의 딜레마 게임에서 명백히 드러난다. 이 게임은 플레드-드레셔가 진행한 '게임 이론' 연구에서 고안됐으며, 이를 교실에 적용한 버전은 다음과 같다.

참여자는 10장의 포스트잇을 가지고 교실을 돌아다니면서, 다른 참여자와 1대1로 만나 포스트잇을 한 장씩 제시한다. 포스트잇에는 50 또는 100의 숫자만 적을 수 있으며, 서로의 숫자를 동시에 공개하고 나면 딱 세 가지 결과가 나온다.

먼저, 서로 50과 50을 적었으면 사이좋게 나눠 가진다. 가장 훈훈한 그림이다. 그러나 욕심을 주체하지 못한 참여자가 100을 써버리면 그 맞은 편에서 50을 적은 한 명은 아무것도 못 가져간다. 즉, 포스트잇을 찢어서 버려야 한다.

그리고 포스트잇에 100을 적은 친구는 100점을 그대로 챙겨간다. 그런데 욕심이 지나친 나머지, 둘 다 100을 적으면 어떻게 될까? 그땐 둘 다 포스트잇을 버려야 한다. 즉, 아무것도 가져가지 못한다.

총 10회의 만남이 끝나면 누가 우승할지는, 안 봐도 알 수 있다. 단연 1위는 다른 친구들에게 50을 적을 것처럼 속인 뒤, 100을 쓰는 수법을 가장 많이 반복한 참여자다. 만약 50만 적었다면 총 10회의 만남으로 얻을 수 있는 최고 점수가 500이지만, 다른 참여자로 하여금 '사기꾼'이라는 별명을 얻은 참여자는 무려 800이 넘는 믿기지 않는 성과를 낸다.

그런데 곧 재밌는 일이 벌어진다. 죄수의 딜레마 게임은 한 번 더 진행된다. 두 번째 판에서도 똑같은 일이 벌어질까?

아니다. 참여자들은 첫 번째 판의 만행을 똑똑히 기억하고 두 번째 판에 임한다. 그래서 어떤 참여자를 상대로는 웬만하면 50을 내는 반면, 어떤 참여자를 상대로는 서로 0을 가져가는 한이 있더라도 무조건 100을 내고 본다. 그러고 나면 이 두 번째 판의 결과는 이전 판과는 사뭇 달라져 있다. 일명 사기꾼이라고 불린 참여자는 평균보다 낮은 점수인 300을 기록한다. 친구들한테 "앞으로 무조건 50을 낼

게!”라며 아무리 설득해도 믿어주지 않기 때문이다.

그 참여자가 놓친 것이 바로 돈 버는 아이들의 두 번째 비밀인 ‘타인과의 신뢰’이다. 교실 부동산에서도 극 초반에 선두를 달리는 투자자 중에는, 다른 친구와의 약속을 깸으로써 많은 재산을 모은 경우가 있다. 예를 들어, 어떤 친구가 다른 자리로 옮기고 싶어서 기존 땅을 매물로 내놓은 날이었다. 그 친구에게 다가가서는 자기한테 싸게 팔라고 설득하면서, 나중에 자기도 급하게 자리를 옮기고 싶을 때 싸게 내놓겠다고 약속을 한다. 그렇게 헐값에 산 뒤, 그 약속을 지키지 않으면 단기간에 금전적 이득을 얻게 된다.

다만 그 약속을 깸으로써 얻은 단기적인 이득은 조만간 장기적인 손해로 다가온다. 마치 죄수의 딜레마 게임의 두 번째 판처럼 말이다. 그 사람의 평판을 들은 투자자들은 더 믿을 만한 사람과 먼저 거래를 하려 한다. 그러다 보면 가장 신뢰도가 낮은 사람의 땅이 가장 마지막에 팔리게 되고, 이 부동산 시장에서 마지막에 팔린다는 말은, 어중간한 현금만 덩그러니 든 채로 이미 전부 높아져버린 집값을 쳐다만 봐야 한다는 의미다.

이 보이지 않는 신뢰의 파급력은 투자에만 국한되지 않는다. 사소한 거래에서도 믿을 만한 사람이 아니면 제품에 대해서 좀 더 의심하기 때문에, 어지간히 싼값이 아니면 구매하지 않지만, 믿을 만한 사람의 제품은 비싸도 믿고 거래

한다. 교실 속 사업에서도 믿을 만한 사업자와는 동업도 마다하지 않고, 그 사업을 믿고 투자하며, 그 사업자의 제품과 서비스는 좀 더 호의적인 가격에 구매를 하나, 반대의 경우에는 그렇지 않다.

정리하자면, 4년 동안 관찰한, 돈 버는 아이들의 비밀은 두 가지였다. 본능에 반할 수 있는 논리적인 투자 태도.

거래와 투자 과정에서 지키는 타인과의 신뢰.

이 교실에선 그 두 가지를 가르친다. 다음 장에서 벌어진 일들을 통해서.

# 3장 남들이 뜨거울 때 나는 차가울 수 있는가?

투자의 세계에서, 역사상 가장 위대한 투자자라 불리는 워렌 버핏은 다음과 같이 말했다.

> **남들이 욕심부릴 때 두려워할 수 있어야 하고,**
> **남들이 두려워할 때 욕심부릴 수 있어야 한다.**
>
> – '워렌 버핏'의 말 중에서

사업의 세계에서, 《세이노의 가르침》의 저자 세이노는 책에 다음과 같이 서술했다.

**경쟁이 없는 것들을 찾아서 들어가야 한다.**
**남들이 볼 때 멋있어 보이지 않는 것을 주로 한다는 말이다.**
**그러다가 이후 그 수익성을 알아보고 경쟁자들이**
**등장하면 그 업종을 버리거나 다른 업종을 추가한다.**

-《세이노의 가르침》 중에서

다시 말해, 투자뿐만 아니라 사업에서도 "남들이 뜨거울 때 차가울 수 있고, 남들이 차가울 때 뜨거울 수 있어야 한다."라는 것이다. 이 문장은 이제 곧 교실에 불어닥칠 거대한 폭풍과 닮아있다.

## 대출을 시작한 은행 사업

시간이 흘러 어느덧 5,000치킨에 육박했다. 이젠 다들 놀라지도 않고, 그럴 줄 알았다는 듯 반응한다. 집값도, 물가도, 임금도, 세금도, 심지어 벌금까지 포함한 모든 숫자가 새롭게 변하는 건 더 이상 새롭지 않다.

한편, 예금액의 규모 자체도 커지면서 은행 입장에서는 슬슬 부담이 된다. 예전에 한 명당 평균 200치킨 정도 저금했을 때는 괜찮았는데, 이젠 평균 2,000치킨을 저금하니 매

사진 06

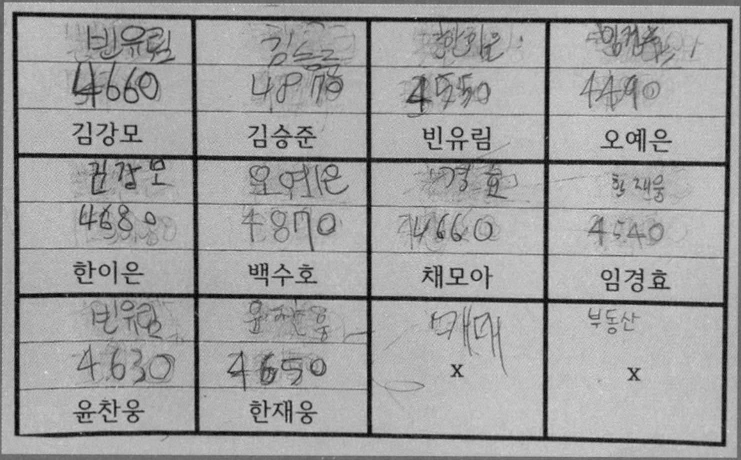

| | | | |
|---|---|---|---|
| 빈유림 | [illegible] | [illegible] | [illegible] |
| 4660 | [illegible] | 4550 | 4490 |
| 김강모 | 김승준 | 빈유림 | 오예은 |
| 김강모 | 오예은 | [illegible] | 한재웅 |
| 4680 | 4870 | 4660 | 4540 |
| 한이은 | 백수호 | 채모아 | 임경효 |
| 빈유림 | [illegible] | 매대 | 부동산 |
| 4630 | 4650 | x | x |
| 윤찬웅 | 한재웅 | | |

**세 번째**
**부동산 거래표**

집값도, 물가도, 임금도, 세금도,
심지어 벌금까지 포함한 모든 숫자가
새롭게 변하는 건 더 이상 새롭지 않다.

일 예금 이자를 지급하느라 은행 기둥이 뽑히기 직전이다. 통화량이 늘수록 높은 이자율이 버거워지는 상황이다.

은행은 원래 이자를 주기만 하는 자선사업가들이 아니다. 은행이 예금 이자를 주면서도 사업을 유지하는 건 대출 덕분이다. 즉, 예금 금리보다 더 높은 대출 금리로 이자를 거두어들이는 것이다. 그래서 이쯤 되면 예대마진(예금과 대출 이자 차이로 버는 이익 구조)을 아래 규칙과 함께 적용한다.

**규칙 들여다보기**

❶ 금리는 최고 10%까지 오를 수 있다.
❷ 대출은 자신의 재산만큼만 가능하다.

대출 도입과 동시에 발표된 금리는 5%였다. 5천 치킨의 집값을 모두 대출로 마련하면 매일 250치킨씩 내야 한다. 아무리 매주 월세를 받는다 해도 이건 너무 큰 부담이다. 그래서 처음엔 다들 피한다.

큰맘 먹고 대출을 시도하더라도, 아직 예대마진을 이해하지 못해서 벌어지는 해프닝까지 있다. 대출이 무섭다며 대출금만큼 예금을 넉넉하게 쌓아놓은 뒤 돈을 빌리는 경우다. 하루하루 예금 이자는 1%를 받는 동시에, 대출 이자는 5%를 내는 아이러니한 광경을 가만히 지켜보고 있자면,

교사로서 고문에 가까운 시간을 보내야 한다. 5% 이자를 꼬박꼬박 내면서도 "대신 예금이자 1% 받으니까 괜찮아~"라며 마냥 행복해하는 얼굴은, 교사로 하여금 하루에 5번이 넘도록 머뭇거리게 한다.

하지만 그 고문을 일주일 정도 견디다 보면, 자신이 불필요한 손해를 보고 있으며 은행은 불필요한 이득을 보고 있다는 걸 불현듯이 깨닫는다. 이를 통해 '예대마진'이라는 사업 구조를 직관적으로 이해하게 된다.

그러던 어느 날, 이 예대마진을 통달한 사업자가 등장한다. 그 사업자는 은행 장부를 만들어 고객 계좌를 관리하고, 자신의 자금까지 보태 대출 서비스를 실시했다. 한 가지 난감한 건 교실 은행도 예금 이자를 주기 때문에, 이런 구멍가게 상업 은행에는 괜히 맡겼다가 전 재산을 잃을까 봐 다들 저금을 안 한다는 점이다. 그러면 대출이 늘 수 없고 매출이 늘 수가 없다. 유일한 해결책은 교실 은행과 금리로 경쟁하는 방법이다.

"자, 여러분. 교실 은행 예금 금리가 고작 1%! 너무 각박하지 않았나요? 저희 은행은 무려 2%! 1만 치킨을 저금하면 매일 200치킨! 가만히 있어도 월급만큼 받을 기회를 놓치지 마세요~ 어머! 저희 은행에 5만 치킨을 저금하겠다고요? 고마워요 호갱 아니, 고객님~"

"자, 그동안 교실 은행 대출 금리 5%는 부담돼서 손이 안 갔죠? 저희 은행은 무려 4%에 빌려드립니다! 대신 빌려줄 수 있는 금액은 정해져 있으니까 먼저 오는 사람에게 기회를 드립니다! 선착순 2명!"

첫 대출 고객은 집을 사고 싶은데 자금이 약간 모자란 학생이었다. 집값이 8,000치킨까지 올랐는데 현금은 6,000치킨 정도밖에 없는 경우다. 빌려야 하는 돈이 2,000치킨쯤 되고, 금리가 4%이니 매일 80치킨만 내면 된다. 월세는 매주 80치킨 받을 거고, 이때 8,000치킨의 집이 10,000치킨으로 올라주면, 그동안 낸 대출 이자를 얼마든지 보상해준다. 그렇게 '이 정돈 해볼 만하지 않나?'라는 판단에 새로운 자금이 들어온다. 드디어 시작된다.

## 금리가 불러온 버블과 붕괴

처음 보는 자금이 불쑥 들어오자마자 부동산 시장은 놀란 듯이 꿈틀거린다. 마치 반 전체 인원이 10명에서 11명이 된 것처럼 껑충 뛰어오른다. 오랜만에 보는 낯선 광경에 아이들의 얼굴이 다소 상기돼 있다. 교실 부동산 PIR(소득 대비 집값)도 7까지 달아올랐다. 아까부터 이 움직임을 빤히 쳐다보고 있던 현금 보유자들은 어떡하지, 망설이며 부동산표 앞을 자꾸만 서성인다.

그 망설임을 없앤 건 선생님의 발표였다.

**"오늘부터 예금 금리 0%, 대출 금리 2%입니다."**

이에 맞춰 상업 은행도 예금 금리 0.5% 대출 금리 1.5%를 발표했다. 저금할 이유가 약해졌다. 그리고 빌려야 하는 이유는 강해졌다. 며칠 만에 집값이 2만 치킨까지 고공행진을 하며 열기를 부추겼다. 그러면서 신흥 부자도 탄생했다. 대출 도입 초창기에 빌린 투자자였다. 내 돈만 썼으면 집을 1개만 살 수 있었는데, 대출로 2개를 사고 나니 두 배로 벌어들였고, 어느 정도 적당한 시점에 팔고 나니, 이자를 갚아도 1만 치킨 넘게 벌었다. 대출은 말 그대로 지렛대, 즉 레버리지였던 것이다.

이 투자자의 전설을 듣고서 하나둘씩 담보를 꽉 채워 빚을 내기 시작했다. 이렇게 가파른 상승은 이제껏 없었다. 예전에 1,000치킨, 2,000치킨 벌어들이던 투자는 투자가 아니었나 보다. 매주 기다려온 주급이 우스워질 만큼 큰돈을 단 하루 만에 벌 수 있다. 반 전체가 욕망에 휩싸여 누군가의 매수가 또 다른 누군가의 매수를 불렀다. 내 말만 믿고 사보라는 친구의 권유, 지금 사지 않으면 앞으로 영원히 살

사진 07

**과열된 거래 모습**

주급이 우스워질 만큼 큰돈을 단 하루 만에 벌 수 있다.
반 전체가 욕망에 휩싸여 누군가의 매수가
또 다른 누군가의 매수를 불렀다.

수 없을 거라는 고수들의 값진 조언이 뒤따른다. 순식간에 4만 치킨을 돌파하고 새로운 논리가 탄생했다. 예금 금리가 0%니까 집값이 얼마여도 설명된다는 식이었다.

대중의 열기는 조금씩 과열된다. 부동산은 사면 오르는 것이며, 열심히 하면 얼마든지 부자가 될 수 있다. 이미 단돈 100치킨에서 10만 치킨을 만들어낸 신화들이 살아 움직인다. 어쩌면 모두가 땅을 2, 3개씩, 아니 교실 전체를 한꺼번에 소유할 수 있다는 벅찬 꿈에 사로잡힌다. 이러다 보니 초기에 대출로 큰돈을 벌고 떠났던 투자자조차도 참지 못하고 새롭게 대출을 일으켜 진입했다. 그 학생은 예상치 못한 분위기에 공포심마저 들었다고 나중에 솔직한 심정을 털어놓았다.

이를 지켜보는 은행 사업자의 입가엔 흐뭇한 미소가 떠오른다. 대출 고객들이 하루에 낸 이자만 무려 1,000치킨에 육박한다. 다만 예금 고객이 언젠가 출금하려들 수 있으니 돈을 적당히 비축해둬야 한다. 맘놓고 돈을 빌려줄 수가 없다. 그래서 나는 실제 사회를 반영해 지급준비율 이야기를 해준다.

지급준비율이란, 나중에 고객이 돈을 빼고 싶어할 수 있으니 미리 은행에 보관해둬야 하는 예금의 비율을 뜻한다. 예를 들어, 지급준비율이 10%면 예금 고객이 1만 치킨을 저금했을 때 은행은 1,000치킨은 보관해두고 나머지 9,000치킨은 대출 고객에게 빌려줄 수 있다.

이 설명을 듣고, 상업 은행이 지급준비율을 10%로 바꾸자마자 고객들은 더 많은 대출을 받고서 또 부동산으로 돌진했다. 그 돈다발을 누군가가 그대로 건네받고, 매일 이자 0.5%를 받기 위해 상업 은행에 저금했다. 그러면 은행은 그 돈의 10%만 보관한 다음, 남은 90%는 또다시 대출을 해줬다. 그랬더니 그 대출금은 곧 부동산으로 빨려들어갔고, 어디서 몇 번 본 것 같은 돈다발을 그대로 건네받은 누군가는 또 은행에 저금한다. 또 반복이다. 말 그대로 돈이 복사가 되면서 실제 사회에서 '신용 창조'라 불리는 일이 여기서도 벌어진다.

갑자기 유행이 불어닥친 복권도 이때쯤 가격이 50치킨에서 200치킨으로 올라, 매출이 폭발적으로 늘어난다. 고객들은 당첨 안 돼도 좋으니 그냥 유희용으로 복권을 구입한다. 당첨되면 기뻐하고, 당첨이 안 돼도 깔깔 웃어넘긴다. 이 인기를 틈타 복권 사업에 또 다른 사업자들이 너도나도 뛰어든다.

"우리 복권은 1, 2, 3등도 모자라서 4등, 5등, 6등까지 뽑습니다! 1등 당첨금이 무려 1만 치킨!! 인생은 한 방! 인생 역전의 기회를 놓치지 마세요~"

사진 **08**

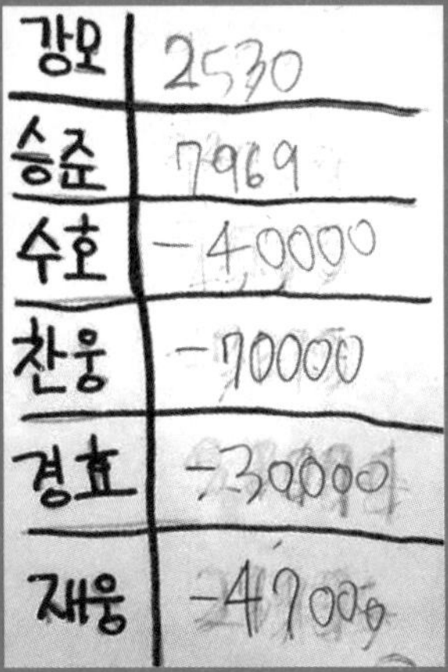

| | |
|---|---|
| 강모 | 2530 |
| 승준 | 7969 |
| 수호 | -40000 |
| 찬웅 | -70000 |
| 경효 | -30000 |
| 재웅 | -47000 |

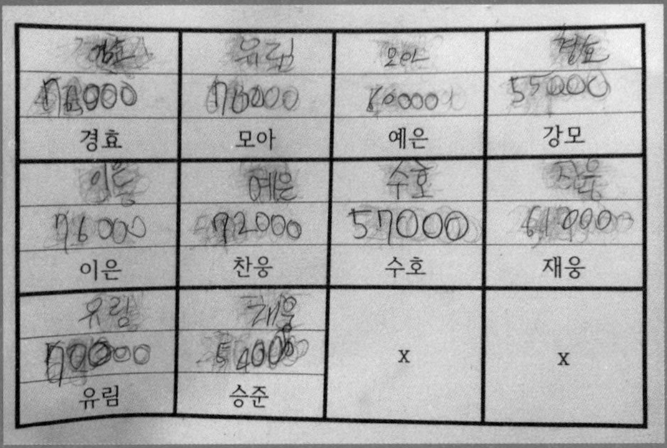

| | | | |
|---|---|---|---|
| 경효 | 모아 | 예은 | 강모 |
| 이은 | 찬웅 | 수호 | 재웅 |
| 유림 | 승준 | x | x |

**버블 당시**
**상업 은행 장부**(상)**와**
**부동산 거래표**(하)

버블로 인해
은행 사업자의 입가엔 미소가 떠오르고
부동산은 사면 오른다는 분위기가 된다.

복권 사업뿐만 아니라 사탕 가게들도 우후죽순 생겨나자, 고객들은 가게 주인 앞에다가 현금다발을 턱턱 놓고는 간식을 한 움큼씩 집어갔다. 어떨 때는 인심이라며 웃돈을 얹어주기도 했고, 그 따뜻한 인심 덕으로 하루 만에 2만 치킨을 벌어들인 가게 사장은, 그 매출에 대출을 보태서 부동산 표로 달려갔다.

**30을 넘어간 PIR은 더 이상 신경쓰지 않는다.**

이렇게 바위처럼 단단한 시장을 설명할 수 없는 구닥다리 지표에 불과하다.

행복해 보이면서도 한편으로 무언가에 중독된 느낌이 막상 자유로워 보이진 않는다. 그리고 나는 역사를 통해 알고 있다. 지금 느끼는 그 행복의 2배, 3배로 큰 고통을 곧 겪게 된다는 것을 말이다. 이는 반 전체에게 해당되는 이야기다. 왜냐면 이 버블의 고점에서 전 재산을 다 팔고 빠져나오는 학생은 단 한 번도 본 적이 없기 때문이다. 사실 그건 현실에서도 힘들다. 다들 어디가 버블의 꼭대기인지 모른다. 1720년 남해 회사 버블에 동참했다가 전 재산을 잃은 뉴턴의 말처럼 "천체의 움직임은 한 치의 오차도 없이 계산할 수 있지만 인간의 광기는 계산할 수 없다."

하늘 높이 주먹을 휘젓는 이들로 교실이 쿵쿵 울려댄다.

"부! 동! 산! 부! 동! 산!"

"부! 동! 산! 부! 동! 산!"

"믿습니까?"

"믿습니다!"

"정말 믿습니까?"

"믿습니다!!!"

"10만 치킨 가즈아!"

다들 10만 치킨까지 얼마 남지 않았다며 빠르면 내일, 늦으면 모레를 점치는 이때, 여기서 마음만 먹으면 대중들이 염원하는 그 숫자를 단숨에 돌파하도록 내버려 둘 수 있다. 금리를 소수점 단위로 더 낮추고, 대출 한도도 2배, 3배로 풀어주면 되니까. 하지만 나는 그러지 않을 계획이다.

1991년의 폭락 이후, 일본은 장기 불황으로 '잃어버린 30년'이라는 세월을 보냈고, 그 당시 일본 국민들은 투자를 금기시했을 만큼 심한 트라우마를 겪었다. 우리 반도 그렇게 될까 봐 우려가 되는 것이 사실이다. 그렇다고 무난한 상승과 하락만을 연출하진 않는다. 투자가 생각보다 어렵고 위험함을 뼈저리게 겪을 정도의 등락은 분명 겪을 것이다. 단, "그럼 투자 안 하는 게 맞네."라는 결론에 도달하기보다 좀 더 논리적으로 접근하도록 돕는다. 그런데 감당하기 어려울 만큼 높은 버블과 깊은 붕괴는 너무도 감정적인 반응을 이끌어내서 그런 논리적인 접근을 방해한다.

또한 그 '잃어버린 30년' 동안 사람들 사이의 양극화는 극단적인 수준까지 치달았다. 급격한 자산 가격 상승을 맛볼 기회를 가진 세대와 끝없는 하락에 노출되었던 세대 사이에는 천문학적인 자산 차이가 났고, 두 주체의 근로의욕은 동시에 떨어졌다. 부유층은 더 이상 고된 일을 할 필요를 덜 느끼고, 빈곤층은 절대 도달할 수 없는 벽을 실감하며 취직을 포기해버리기도 했다. 만약 이 버블을 방치해두면, 우리 교실에도 그런 끔찍한 일이 생길 수 있다. 따라서 나는 모두가 '10만은 당연히 간다.'고 믿을 때쯤 미리 바늘을 꺼낸다. 이 낙원이 영원할 거란 착각에서 아이들을 꺼내줄 차례다.

## "오늘부터 예금 금리 1%, 대출 금리 4%입니다."

'어, 금리가 오르네? 근데 1%가 뭐야. 부동산으로 매일 10% 이상은 버는데.' 아무도 개의치 않아 한다. 어차피 집값은 이제껏 그래왔듯 오를 수밖에 없다. 집값은 주춤한 적은 있어도 떨어진 적은 없었다.

'그래도 선생님이 우리를 겁주려고 하는데, 놀란 시늉이라도 해볼까?' 불안한 척 고개를 돌려 주변을 살펴보니 역시나, 교실은 더할 나위 없이 평화롭다. 다만 새롭게 대출받는 사람은 없어졌다. 반에서 2~3명 빼고 모두가 돈을 빌렸고, 그 2~3명은 애초에 빚지는 걸 싫어하는 성격이거나, 대출을 했었더라도 현재는 자신의 돈으로만 버블에 올라탄 이들이었다. 즉, 더 이상 새롭게 들어올 사람이 없다.

**"예금 금리 2%, 대출 금리를 6%로 올리겠습니다."**

어쩔 수 없이 상업 은행도 예금 금리를 3%까지 올렸다. 만약 2%로 해놓으면 다들 안전한 교실 은행으로 예금을 옮기려 한다. 하지만 지금 당장 출금해줄 돈이 없다. 아무도 대출을 갚지 않은 탓이다. 부동산 거래가 아예 잠겨버린 탓이다. 그 누구도 땅을 사거나 팔지 않는 탓이다. 정말 오랜만의 정적이었다. 눈치 없이 불편감을 드러낸 건 빚이 가장 많은 학생이었다.

"혹시 내 땅 살 사람 있어? 비싸게 올려서 안 팔게."

제안, 아니 간절한 부탁이었다. 조금씩 숨이 막힌다. 모두가 서로의 낯선 표정을 물끄러미 쳐다보고 있다. 그중 한 학생은 내 주위를 계속 두리번거렸다. 앞으로 어떻게 되는 거냐고, 금리가 더 올라가냐고 틈만 나면 물었다. 나는 답을 알려주지 않고, 아직 모른다고만 대답했다. 직접 겪어봐야 이해할 수 있다. 무리하게 빚을 낸 이들을 조여오는 고통. 앞으로 어떤 일이 벌어질지 예측할 수 없다는 무력감. 더 이상 부동산 표 앞으로 향하지 않게 된 쉬는 시간에는 물론이고, 수업 시간에도 엄습하는 묘한 불안감.

나는 아이들을 구해주지 않는다. 투자를 하면서 겪는 이런 실패와 고통은, 나중에 어른이 됐을 때 잃을 수 있는 재산을 지켜주는 귀중한 무형 자산이기 때문이다. 스티브 잡스, 마이클 조던, J.K.롤링, 일론 머스크 등 성공한 인물들은 공통적으로 주장한다.

"다양한 실패를 경험해보고 실패를 통해 배워야 한다."

성공뿐만이 아니다. 행복도 마찬가지다. 《영혼이 강한 아이로 키워라》의 저자 조선미 교수는 "행복은 고통이 많냐 적냐가 아니라 고통에 어떻게 접근하고 대처하는가가 중요하다."라고 주장했다. 고통을 피하려고만 하느냐 아니면 고통을 받아들이고 견뎌서 내성을 키우려고 하느냐가 행복에 큰 영향을 준다는 의미다. 즉, 성공론과 행복론 둘 다 실패와 고통을 받아들이는 자세를 꼬집는 것이다.

삶에는 매번 고통이 있을 수밖에 없고 고통은 나쁜 게 아니다. 배고픔이라는 고통이 있어야 인간은 움직이고 일을 하며, 외로움이라는 고통이 있어야 타인과 소통하고 협력한다. 이런 고통을 받아들이기는 커녕, 피해야 하는 존재라고만 여기면 삶을 직면할 수도, 삶에서 성장하거나 행복하기도 힘들다. 움직이려는 노력을 하지 않고서 성장하기 힘들고, 타인과 소통하고 협력하지 않으면서 행복하기 힘든 것처럼 말이다.

경제교실에서도 고통은 필연적이고 필수적이다. 나 혼자 현금을 들고서 남들이 모두 부동산으로 돈을 버는 광경을 두고만 봐야 하는 고통. 상대적으로 작아진 계좌를 보고 느끼는 불안감. 좁힐 수 없는 빈부격차로 인한 질투심. 가만히 있어도 월세로 돈을 버는 친구들과는 반대로, 일을 2개나 해야 하는 상황에서 느끼는 상대적 박탈감. 그 고통들이 늘 존재했듯, 폭락이 오기 전 마음 속에 요동치는 위기감도 당연한 감정이고, 충분히 겪어내야 하는 감정이다. 그런 뒤에 그 고통들을 반추하는 과정이 때론 가장 교육적이다.

“제발 팔아주세요. 제발 팔아주세요.” 하던 분위기가 어느새 “제발 사주세요. 제발 사주세요.”로 바뀐 이유도 모두 고통이었다. 그러다 보니 결국 본전 밑으로 팔려는 움직임이 생긴다. 대출 이자를 내느니 차라리 그게 낫겠다는 판단이다. 하지만 대부분 그만한 현금이 없다. 있다 해도 사주지 않는다. 처음으로 매수자가 우위에 섰다.

돈을 많이, 그리고 빨리 벌고 싶다는 마음.

'모두 투자하는데 나도 해야지.'라는 군중 심리.

쟤보다는 더 벌어야 한다는 질투심.

그것만을 근거로 산 아이들이 그린 세상은 허상이었다.

그 허상 속에서 다 팔진 못해도 천천히 땅을 2개에서 1개로 줄인 친구들이 있는데, 그들은 예금이자를 받으며 좀 더 관망하는 태도로 지켜본다. 그렇게 며칠이 지나자 드디어 가격을 1만 치킨 낮춰서 팔려는 학생이 나온다. 10% 이상 추락한 셈이다. 하지만 아무도 사주지 않는다. 더 떨어진다는 의미다. 이쯤 되면 한 해도 빠짐없이 매년 이 말이 들린다.

**"선생님, 살려주세요."**

저건 농담이 아니다. 저 눈빛과 표정 속에는 유머가 비집고 들어갈 틈이 없다. 상황을 통제할 수도 없고, 노력했다고 달라질 수도 없는 그 하루하루는 지옥과도 같았던 것이다. 이 험악해진 분위기를 감지했는지, 상업 은행에서 돈을 빼고 싶다는 예금 고객이 생겼다. 선생님이 관리하는 좀 더 안전한 은행에 맡기고 싶다는 초조함이었다. 그런데 지급

준비율이 10%밖에 안 된다. 누군가 대출을 갚지 않으면 남은 금액을 출금해줄 수 없었다.

다급해진 은행 사업자는 대출 고객 한 명 한 명에게 찾아가 지금 당장 갚아줄 수 있는지 물었다. 누구도 만족할 만한 답변을 내놓지 못했다. 어쩔 수 없이 금리를 올려서 이자 소득으로 예금을 마련해야 할 판이다. 그 탓에 대출 금리가 4%에서 10%로 뛰었다. 하루아침에 최고 금리까지 닿은 것이다.

"선생님, 저 대출을 옮길 수 있어요? 교실 은행은 금리 6%니까 교실 은행에서 새롭게 대출 빌리고, 원래 빌렸던 은행에는 갚을래요!"

**"오늘부터**
**교실 은행 예금 금리 2%, 대출 금리 10%로 바뀝니다."**

최대 한도까지 대출을 끌어 쓴 이들의 이마에 식은땀이 흘렀다. 물론 하루 이틀 정도는 버틸 수 있었다. 매일 투잡을 뛰고, 벌금도 안 내며, 소비도 줄이면 이자를 꾸역꾸역 낼 수 있다. 그런데 매일 10%가 빠져나가니 3일을 넘기지 못하고, 연체되기 시작한다.

막상 연체되고 나니 숨겨진 함정 하나를 뒤늦게 발견했다. 경제교실법에는 언급되지 않았던 함정이었다. 10%씩 이자가 연체되어 대출금의 100%까지 쌓이려면, 10일이 지나야 된다고 대출 고객들은 계산했었다. 10×10은 100이니까.

하지만 그건 틀렸다. 대출금이 1만이었다면 하루에 1,000치킨씩 쌓일 것 같지만 그렇지 않다. 이자가 연체되면 못 낸 이자는 대출금에 더해진다. 한 번 연체되면 갚아야 하는 돈은 11,000치킨으로 늘어난다. 이때 10% 이율은 1,000치킨이 아닌, 1,100치킨을 내라고 독촉한다. 만약 못 내면 대출금이 12,100치킨으로 늘어난다. 이번엔 1,210치킨을 내라고 한다. 그다음은 1,331치킨. 1,464치킨. 1,610치킨. 이자와 대출금이 동시에 불어나서, 갚아야 하는 돈이 2배로 불어나기까지 10일이 걸리는 게 아닌 7일이 걸리게 된다. 10배로 불어나기까지는 90일 혹은 100일이 걸리는 게 아닌, 25일밖에 안 걸린다. 이 복리의 마법을 깨달은 연체 고객들은 가만히 있을 수가 없었다. 그동안 미처 꺼내지 못한 말을 뱉어내야 했다.

**"70,000치킨짜리 땅,**
**50,000치킨에 팔면 살 사람 있어?**
**원래 90,000치킨에 산다는 사람도 있었는데 거절했었어."**

또 한 번 정적이 흘렀다. 대답도 시선도 주지 않는다. 땅을 사기는커녕, 하루치 이자조차 내지 못하는 고객이 3명으로 늘었다. 이런 연체 고객들 때문에 돈을 못 벌고 있는 상업 은행은 사실상 대출 금리를 0%로 걸고 있는 셈이었다. 반면 줄줄 새는 예금 금리는 3%로 고정되어 있어서, 자칫하면 은행의 돈이 모두 소진될 참이다. 벼랑 끝까지 몰린 탓일까. 은행 사업자는 결국 건드리지 말아야 할 것을 건드렸다. 예금 금리를 0%로 낮춘 것이다.

단 3초 만에 큰 파장이 불어닥친다. 당분간만 이럴 거라면서 설득해 보지만, 이미 예금 고객들은 2%씩 주는 교실 은행을 놔두고 0%를 주는 상업 은행에 맡길 이유가 없어졌다. 모두 상업 은행에서 돈을 빼려고 하는 뱅크런 사태가 벌어졌다. 쥐꼬리만 한 이자를 조금 더 받으려다가 원금을 통째로 잃게 생겼다며 언성이 높아진다. 불같이 화를 내는 고객들을 상대하던 은행 사업자는 3%로 돌려놓겠다고, 아니 4%까지 올려주겠다고 설득했지만 돈 문제에 있어서 한 번 깨진 신뢰는 다시 복구되지 않았다.

발등에 불이 떨어진 은행 사업자는 연체 고객들을 끊임없이 독촉했다.

"저기 연체 고객님~ 사람이 돈을 빌렸으면 갚아야지요?"

사실 연체 고객들도 답답하긴 마찬가지다. 예금 고객들이 부동산을 사줄 수 있는 유일한 희망이었는데, 그들은 한

발도 움직일 수 없기 때문이다. 자신들을 구해줄 수도 있다고 믿었던 마지막 구원마저 사라진 것이다. 그 실망의 결과로, 절망적인 가격이 등장한다.

**"40,000치킨에 사실 분?"**

이를 기다리고 있던 매수자가 있었다. 교실 은행에서 야금야금 2% 이자를 받아 가던 돈을 다시 옮길 기회라 판단한 듯하다. 그 거래가 성사된 덕분에, 상업 은행은 상환금을 돌려받아 고객들의 예금을 일부 나눠서 출금해주었다. 파산을 겨우 면한 학생은 홀로 남겨져, 자신의 재산이 버블에 뛰어들기 전보다 작아진 걸 멍하니 쳐다보고 있었다. 남의 돈을 빌려서 투자했더니 재산이 2배 속도로 줄어든 것이다.

또 한 명의 데드라인은 다음 주였다. 갚아야 할 돈은 복리로 불어나고, 다음 주까지 못 팔면 재산이 마이너스로 돌아선다. 이 투자자에게 시간은 자신의 편이 아니다. 적이다. 가격에 상관없이 반드시 오늘 팔아야 하게 만드는 적 말이다.

**"30,000치킨에 팔아요."**

반토막이 났다. 이제 대출만 조금 보태면 누구나 살 수

사진 09

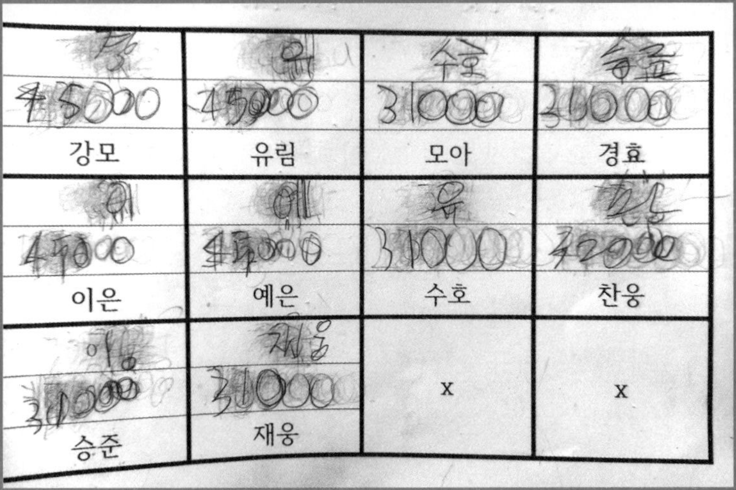

| | | | |
|---|---|---|---|
| 강모 | 유림 | 모아 | 경효 |
| 이은 | 예은 | 수호 | 찬웅 |
| 승준 | 재웅 | x | x |

**버블 붕괴 후 부동산 거래표**

대출만 조금 보태면 누구나 살 수 있는 가격이다. 그럼에도 이미 반 전체는 두려움으로 경직되어 교실이 낯설게 느껴질 정도로 조용했다.

있는 가격이다. 그럼에도 이미 반 전체는 두려움으로 경직되어 있었다. 교실이 낯설게 느껴질 정도로 조용했다.

**"25,000치킨."**

2만 5천까지 매물이 나오자 그 누구도 덤벼들지 않는다. 매도가 매도를 부르고, 그 재귀성이 모두를 얼어붙게 만든 탓이다. 앞으로 예전과 같은 상승은 절대 없을 거라 믿는 이들이 생겨났다. 왜냐하면 그들은 부동산을 팔아서 더 이상 아무것도 들고 있지 않기 때문이었다. 이제 곧 1만 치킨까지 떨어진다며 '현금을 들고 있는 사람이 승자'라는 격언까지 떠돈다. 이를 듣고 있는 연체 고객들의 얼굴은 경제교실을 포기하고 싶어할 만큼 절망적이다. 예금을 돌려주지 못해 파산하기 직전인 은행 사업자, 같은 복권 사업자끼리 벌인 치열한 경쟁으로 오히려 적자를 보게 된 복권 사업자의 하루 또한 힘겹게 넘어간다.

그동안 친구들의 신뢰를 등한시했던 이들도 예외는 아니었다. 그들이 꾸린 복권 가게와 사탕 가게는, 모두가 잘 나갈 땐 문제가 없었지만, 현재는 그 누구보다 먼저 파산을 앞두고 있다. 그들은 결정적인 순간에 팔리지 않는 자신의 땅도 어쩌면 과거에 저질렀던 불신의 대가임을 직감했다. 신뢰도 일종의 재산이었나 보다.

몇몇에게 다가오는 고통들은 때로는 현실보다 더 현실적이다. 애초에 경제교실이 없었던 때를 그리워하게 할 만큼 강렬한 고통이다. 물론 위에서 내가 주장했듯이, 이런 실패와 고통은 성장에 있어서 필연적이다. 하지만 아이들이 모든 고통을 성장의 원료로 활용하기엔 아직 고통에 대한 내성이 부족하다. 대출로 산 자산이 반토막이 나버린 상황은 어른들조차 감당하지 못한다. 그래서 집값이 하락한 시기에 교실 분위기는 다소 우울해지기까지 한다. 쉬는 시간마다 들려오던 웃음 소리는 사라지고, 짜증과 분노가 간헐적으로 샘솟는다.

그런 모습을 그냥 지켜보고 있자니 내 마음도 불편해진다. 분명 이 경험을 통해 배우는 게 있겠지만, '잃어버린 30년' 때처럼 투자를 싫어하게 될까 봐, 혹은 대출은 무조건 나쁘다는 신념을 가질까 봐 걱정이 된다. 대출을 하냐 마느냐보다는 투자 자산을 깊이 이해하냐, 어떤 투자 근거로 대출을 언제, 어떻게, 얼마나 활용하냐가 더 중요한데 "대출은 곧 죽음"이라는 흑백논리가 탄생할 정도로 암울하기 때문이다. 아이들로서는 이만하면 충분히 겪어냈다. 남들 따라 무작정 빚내서 투자하는 것이 어떤 결과를 가져다주는지를 충분히 느꼈다. 그래서 나는 적당한 시점에 이자를 낮춘다. 예금 금리 1%로. 대출 금리 5%로.

다음 날 예금 금리 0%로. 대출 금리 2%로.

얼어붙었던 분위기에 봄이 찾아온다. 일단 대출 고객이 매일 이자를 갚아낼 여력이 생겼다. 반토막이 난 매물이 쏙 들어간 이유였다. 반대로 그 매물이 더 싸지길 기다렸던, 혹은 매수를 망설였던 무리들이 그때가 기회였다는 걸 뒤늦게 알아챘다. 모두가 염원했던 10만 치킨은 오지 않았듯이, 모두가 기다렸던 1만 치킨 또한 오지 않았다. 그 대신 4만 치킨에서 4만 5천 치킨. 그리고 5만 치킨. 차근차근 반등했고, 교실의 긴장감이 다소 누그러들었다. 똑같은 가격인데도 지난주에 5만 치킨을 돌파했던 순간과 지금은 사뭇 다르지만 말이다. 그 낯선 분위기 한가운데에서 나는 이 명언을 인용한다.

"남들이 뜨거울 때 차가울 줄 알고, 남들이 차가울 때 뜨거울 줄 알아야 해. 다들 한창 대출 빌려서 샀을 때 어떤 근거로 샀어? 월세는 얼마 받는지, 풀린 돈의 양은 얼마고, 주급과 집값을 비교해서 싼지 비싼지 논리적으로 판단했던 사람 있어?

대부분 이유는 하나였을 거야. 남들도 사니까. 남들 따라하면 편하거든. 그 반대로 행동하는 건 보통 불편해. 외롭고 힘들어. 근데 그 고통에서 기회가 찾아와. 남들이 뜨거울 때 있잖아. 그때가 기회야. 그때 차갑고 냉정하게 상황을 바라볼 줄 알아야 돼. 내가 지금 대출까지 빌려서 투자하는 게 맞나? 남들 따라 똑같이 뜨거워진 건 아닐까? 그리고 반대로. 며칠 전에 모두가 차가웠을 때 있잖아. 투자할 만한 현금을 들고 있는 사람이 여럿 있으면서도 무서워서 안 사고 있을 때. 그때가 기회야. 그날 은행에서 돈을 출금한 몇몇 있지? 그 소수의 재산이 어떻게 변하는지 살펴봐."

남들과 반대로 행동했던 그 소수는 상위권을 차지하게 된다. 1만 치킨 밑으로 떨어질 듯이 가파르게 내리꽂던 집값은 어느새 7만 치킨, 7만 5천 치킨까지 올라 있다. 슬슬 돈이 돌기 시작하자 새로운 사업자들이 다시 등장하고, 대출 고객도 추가로 생기면서 집값은 전고점을 향해 달려간다. 그렇다고 부동산 시장의 열기가 너무 뜨거워지거나 너무 차가워지지도 않고, 일정한 리듬 안에서 우상향할 뿐이다. 물론 가끔은 뜬금없는 하락이 생기기도 한다. 전고점 8만 치킨을 돌파했을 때 느닷없이 무더기로 매물이 나온 것이다. 그 가격이 두려움을 일으켰던 모양이다.

하지만 세상은 언제 그랬냐는 듯 태연하게 돌아간다. 세상에 돈은 꾸준히 풀리고, 풀린 돈들은 돌고 또 돈다. 그러다가 어느새 처음 보는 숫자가 부동산 가격에 찍히더니, 10만 치킨을 넘기자 다시 매수세가 붙어, 이전에 본 적 없는 역사가 새롭게 시작된다.

## 폭락이 일으킨 논쟁,
## 세율과 복지

새로운 출발과 동시에, 지울 수 없는 불편함 또한 시작된다. 버블이 지나간 자리에 남은 돌이킬 수 없는 격차다. 누군가는 대출 한도만큼 빌려도 집을 사지 못하고, 누군가는 빚 없이 집을 2개나 가지고 있으며 여윳돈으로 소비도 한다. 그러다 보니 쉬는 시간만 되면 두리번거리며 할 일 없이 "나한테 500치킨만 줄 사람~ 나한테 1000치킨만 줄 사람~" 하는 소리가 들린다. 누구한테 돈을 맡겨놓은 모양이다.

그런데 설마했던 일이 벌어졌다. 자신의 재산 절반을 나눠줘도 괜찮냐는 물음이었다. 보통 친한 친구한테만 기부하기 때문에, 우리 교실에선 안 된다고 답했다. 물론 재산을 늘리기에 구조적인 제약이 크다면 어느 정도의 기부는 필요하지만, 여기서는 만회할 기회가 세 가지나 주어진다.

첫 번째는 추가 과제다. 우리 반에서는 부업이라고 부른다. 교실에서 할 만한 현실적인 부업은 수업자료로 쓸 만한 작품 만들기다. 학생이 직접 만든 작품만큼 친구들의 관심과 흥미를 끄는 자료는 드물기 때문이다.(자세한 예시는 7장 직업 Q&A에서 다루겠다.) 이 부업을 매일 한다면 웬만한 주급보다 많이 받을 수 있다. 단, 아무리 노력의 기회라 하더라도 한 명당 하루에 1개로 제한한다. 제한을 두지 않으면 초반의 뜨거운 분위기는 얼마 지나지 않아 지쳐서 차갑게 식어버리기 때문이다.

두 번째는 직업 교체이다. 높은 급여를 받는 직업은 주기적으로 교체한다.

세 번째는 인센티브다. 은행원이든 재산조사원이든 화폐관리원이든 공무원이든 자신에게 주어진 역할을 성실하게 수행하면 넉넉한 인센티브를 받는다.

하지만 주변을 둘러보니 이 세 가지 장치들은 현재 벌어진 빈부격차를 메우기엔 턱없이 부족했다. 그러다 보니 요즘 아이들의 표정들을 쭉 살펴보면, 전보다 의욕과 몰입도가 떨어진 게 느껴졌다. 어른들도 그렇고 아이들도 그렇고, 본래 인간은 역전 스토리를 간절하게 소비하는 듯했다. 역전 스토리가 만들어질 수 없는 시스템에서는, 참여자들의 몰입과 열광도 만들어질 수 없다는 걸 느낀 순간이었다. 그렇다고 친구한테 기부하는 행위를 허용할 순 없어서, 나는 오랜만에 교실 뒤편으로 가, 게시판에 걸린 경제교실법 중 세법 부분을 다시 들여다보았다.

재산 상위 30%에게는 매주 재산의 1%씩을 걷는다. 예를 들어 예금, 현금, 부동산을 합해서 5,000치킨을 가지고 있는 경우 50치킨을 세금으로 내야 한다.

그동안 1%의 재산세는 다주택자의 수익을 뱉어내도록 해서, 복리로 늘어나고 있던 재산에 제동을 걸고 있었다. 그런데 이제는 세율을 2%로 올려야 될 지경이다. 그렇지 않으면 가만히 앉아 있어도 재산 차이가 점점 벌어진다.

그러나 문제는 재산세가 불러일으키는 연쇄반응이다. 내가 재산세를 걷는 원래 의도는 실제 사회를 반영하는 목적보다는, 빈부격차를 어느 정도 줄이려는 쪽이 먼저였다. 그래야 돈이 많았던 학생은 다시 재산을 증식하기 위해 노력하고, 돈이 부족했던 학생은 좌절하지 않고 다시 집을 마련하기 위해 노력하니까.

그런데 시간이 지나고 보니 예상치 못한 부작용이 있었다. 돈이 많은 학생은 재산을 모으면 모을수록 더욱 커져가는 세금을 보면서 근로 의욕을 상실한다. 반면, 돈이 적은 학생은 "난 열심히 써서 세금 별로 안 낸다~ 열심히 안 벌어서 세금도 낼 일 없다~"라며 안도한다. 이 상황에서 세율을 인상하는 게 맞을까? 그래서 어느 날, 이를 주제로 국어시간에 토론을 진행했고, 다음은 2시간을 넘긴 긴 논쟁을 간단히 요약한 것이다.

**| 토론 주제 | 재산세 세율을 1%보다 높여야 한다.**

**YES 찬성 ①**

경제교실에서는 실제 사회를 반영해 세상을 배울 수 있도록 노력해야 합니다. 지금 우리 교실의 세율은 실제 사회보다 낮은 편입니다. 부동산 취득세, 보유세, 양도소득세 등을 걷지 않고 재산세 1%로만 대신하기 때문입니다. 따라서 실제 사회를 반영하기 위해 세율을 높여야 합니다.

**NO 반대 ①**

실제 사회를 반영하는 건 중요합니다. 하지만 실제 사회에서는 세금이 다양한 용도로 쓰이는데 경제교실에선 걷어봤자 실제처럼 쓰이지 않고 형식에 그칩니다. 게다가 실제 사회에서의 부자들은 재산을 물려받는 경우도 많습니다. 그럴 때 세율 인상은 공평한 기회를 위해 필요합니다. 하지만 이곳에선 재산을 물려받지 않습니다. 실제와 다릅니다. 따라서 실제와 다르게 접근해야 합니다.

**YES 찬성 ②**

물려받지 않았기 때문에 높은 세율은 불공평할 수 있습니다. 하지만 앞으로 열심히 노력할 친구들에게 가장 절실

한, 내 집 마련의 기회가 박탈된 이 상황도 한편으론 공평하지 않습니다. 이렇게 빈부격차가 심화되면 부자는 자만하고 빈자는 비참해져 둘 다 일을 안 하고 싶어질 수 있습니다. 경제교실의 목적 중 하나는 우리 반 친구들이 모두 열심히 노력하고 성장하는 태도를 기르기 위함입니다. 하지만 빈부격차가 심해지면 서로 그 태도를 기르기 힘들어집니다.

의견이 좁혀지지 않았다. 더 걷어야 한다. 아니다. 오히려 덜 걷어야 한다. 첨예하게 대립했고, 누군가는 세금을 더 걷어서 전 국민에게 지원금을 뿌리자는 제안까지 나왔다. 그런데 그때, 반대 측에서 색다른 의견이 나왔다. 나도 생각지 못한 제안이었다.

**NO 반대 ②**

빈부격차로 인해 노력을 그만두게 되는 부작용은 높은 세율로 해결하지 않고 다른 방법으로 해결할 수 있습니다.
현재 저희 반에서는 부업을 매일 한 명당 1개만 제출할 수 있습니다. 이 규칙을 바꿔서 무주택자에게 하루에 1개가 아닌 2개의 부업을 제출할 기회를 제공할 수 있습니다. 이에 더해서 무주택자에게 대출 한도까지 늘려줄 수 있습니다. 이 방식들이 더 공평하며, 모두의 노력을 최대한 이끌어낼 수 있는 합리적인 방법이라 생각합니다.

또한 현재 많은 돈을 모은 친구들은 대부분 열심히 일하고, 부업도 매일 성실하게 제출하며, 벌금을 거의 낸 적이 없고, 친구들과의 거래 계약을 어긴 적도 없습니다. 사고 싶은 물건이 있어도 꾹 참고, 감정적으로 투자하는 것이 아닌 논리적으로 근거를 따져가며 투자를 했습니다. 반대로, 돈을 적게 가진 친구들을 보면 몇몇은 일을 열심히 안 해서 인센티브 받은 적도 별로 없고, 부업도 가끔 가다가 제출하며, 벌금도 수시로 냈습니다. 또 사고 싶을 때마다 충동적으로 소비하며, 가끔은 주급보다 많은 금액을 쓰기도 했습니다. 투자할 때도 대출로 욕심을 부리는 등 올바른 투자를 하지 못했습니다. 이 상황에서 세금을 가장 많이 내는 대상은, 이 작은 사회 안에서 성실하게 일하고 절약하며, 규칙을 준수하고 신뢰를 쌓으며 올바른 의사결정을 내린 친구들입니다.

물론 세금은 국가에 이바지하는 것이기 때문에 나쁘다고 생각하지 않습니다. 하지만 우리 반에서 자기 재산이 깎이는 걸 좋아하는 사람은 없습니다. 가끔은 이러한 세금이 '열심히 돈을 모았다는 이유로 내려지는 처벌'처럼 느껴지기도 합니다. 경제교실의 목적은 성실함, 절약, 신뢰, 논리적인 투자 습관을 기르는 것에 있는데 그 목적을 달성한 친구들에게는 처벌이 내려지고, 성실하지 못했거나 흥청망청 썼거나 마음 가는 대로 투자했던 친구들에게는 세금 면제라는 보상이 따릅니다. 이 상황에서 세율을 높이는 것은 경제교실의 목적에 부합하지 않는다고 생각합니다.

맞는 말이다. 세금을 내는 입장이 될까 봐 대충 일하고 돈이 모이면 바로 써버리고, 투자를 아예 안 하거나 내키는 대로 해버리는 경우를 한두 번 본 게 아니었다. 그때마다 나는 세금이 왜 필요한지, 어떻게 쓰이는지 등 그 중요성을 강조했으나, 세금에 대해 느끼는 부정적 감정을 지우기는 쉽지 않았다. 학생의 행동은 교정할 수 있어도, 감정을 교정할 순 없는 노릇이었다.

또한 실제와 모형은 다를 수밖에 없다. 도미닉 프리스비의 《세금의 세계사》에서는 세율이 높아지면 일정 구간에서는 세수가 더 많이 걷힐 수 있으나, 일정 수준 이상에서는 오히려 덜 걷힌다는 역사적 통계를 보여준다. 세율을 과하게 높인 탓에 세수가 덜 걷히는 현상이 수도 없이 반복됐지만, 사람들은 매번 그 연쇄반응을 까먹고 또 까먹었다고 도미닉 프리스비는 책에서 서술했다.

많은 부자들이 세율이 높은 나라에서 세율이 낮은 나라로 이민을 갔다. 세율이 높은 나라에는 새로운 기업이 쉽게 들어서려 하지 않았으며, 기존에 있던 기업들도 과한 세율로 인해 사업 확장에 제약을 받았다. 물이 높은 곳에서 낮은 곳으로 흐르듯, 돈도 세율이 높은 곳에서 낮은 곳으로 흐르기 쉬운 것이다. 그런 이유로 재산세, 소득세, 법인세가 적기로 유명한 싱가포르는 더 많은 부를 끌어당겼고 더 많은 투자를 유치했으며, 세율은 낮지만 규모가 커지다 보니 오히려 더 많은 세금을 거두어들였다.

아쉽게도 학교에서는 이런 역학을 보여줄 수 없다. 우리 학교 세율이 높다고 다른 학교로 전학을 갈 순 없기 때문이다. 물론 세금을 많이 걷는 게 옳다 그르다의 문제를 논하는 것이 아니다. 그건 6장에서 벌어질 논쟁에서도 느끼지만, 절대 간단한 문제가 아니다. 내가 판단할 수 없는 복잡한 문제다. 다만 교실에서는 세율 증가가 곧 세수 증가로 이어지는 공식이 성립돼서 현실과 괴리가 있다. 세율 증가가 어떤 연쇄반응을 일으키는지 보여줄 수 없다.

하지만 그래도 괜찮다. 위 토론의 결론처럼, 세율 인상이 아닌 지원책으로도 문제를 해결할 수 있다. 다음과 같은 규칙으로 말이다.

**규칙 들여다보기**

**❶ 무주택자는 부업을 2개 제출할 수 있다.**

**❷ 무주택자는 집값의 80%만큼 대출을 받을 수 있다.**

다만 아쉬운 건 이 토론을 끝으로 한 학기가 거의 다 끝나간다는 사실이다. 보통 나는 한 학기마다 끊고 재산을 원화로 전부 환전한 다음, 선물을 산 뒤 마무리를 했다. 그리고 2학기에 새롭게 출발한다. 그러다 보면 1학기 때 가장 큰 고통을 겪은 아이들이 가장 극적으로 변한다. 더 열심히 일하고, 소비는 적당히 제한하며, 규칙을 준수하고, 올바른 투자 태도로 바뀐다.

하지만 이번에도 그렇게 끊는다면, 토론 끝에 마련된 복지법이 우리에게 어떤 영향을 줄지는 알 수 없었다. 매 학기마다 경제교실을 끊고 재산을 초기화한 탓에 볼 수 없었던 모습들. 복지법이 빈부격차의 부작용을 해결할지. 반 년이 넘어가면 경제교실이 어떤 모습으로 굴러갈지. 과연 버블이 한 번 더 찾아올 수 있을지. 만약 역사의 반복을 체험한다면, 아이들이 다르게 대처할 수 있을지. 더 이상 실수를 되풀이하지 않을지. 한 번쯤은 보고 싶었다. 그래서 경제교실을 운영한 지 세 번째가 되는 해에는 끊지 않고 2학기로 넘어갔으며, 그게 바로 2부의 이야기다.

# 금리로
# 혼내주는
# 선생님

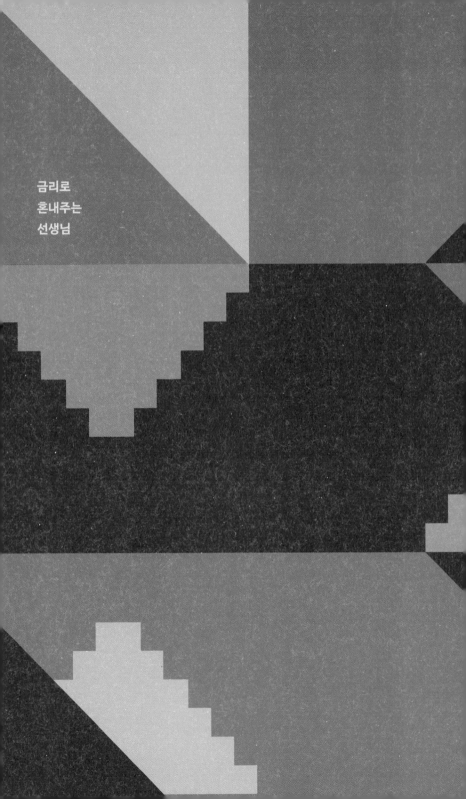

# 2부

# 교실의 역사가 무너지다

# 4장 아이들이 울고 가는 곳, 주식

아이들은 아직 그 이유를 모르지만, 부동산과 주식은 어른들에게 꽤나 다른 느낌으로 다가온다. 한국에는 부동산 불패, 주식 필패라는 말이 있기 때문이다. 주식으로 1억을 만드는 확실한 방법은 2억을 들고 오는 것이라는 격언이 떠돌 정도다.

이토록 주식에서 많은 이들이 실패를 본 원인 중 하나는 워렌 버핏이 자주 강조했던, 주식의 근본에 있다. 바로 이익이다. 워렌 버핏만 이익을 강조한 게 아니었다. 《전설로 떠나는 월가의 영웅》의 저자이자, 13년 동안 연평균 수익률 29.2%를 냈던 펀드 매니저, 피터 린치도 이렇게 말했다.

"주식이 오르는 데에는 이유가 있다. 예를 들어 코카콜라는 32년 전보다 이익이 30배 늘었다. 그리고 주가도 34배가 올랐다. 반면에 배들레햄스틸은 그 32년 동안 이익이 줄었고, 주가도 반토막이 났다. 주식은 복권 티켓이 아니다. 주식 뒤에는 기업이 있다."

즉, 주가는 결국 회사의 이익에 수렴한다는 의미다. 그런데 그걸 맞히기가 꽤 어렵다. 그래서 이익의 방향을 맞히는 대신, 쉽게 분석할 수 있는 차트를 보며 거래하다가 큰 손해를 입기도 하고, 단기 투자로 인해 누적되는 수수료와 손실들로 고개를 절레절레 젓기도 한다. 그래서 주식이 어려운 것이다.

그런데 바로 이 점에서 큰 힌트가 있다. 그 힌트는 "주식은 어렵다."는 말을 아래처럼 세 문장으로 쪼갰을 때 더 선명하게 보인다.

**힌트 쪼개보기**

**❶ 주가는 이익의 방향에 수렴한다.**

**❷ 이익의 방향은 맞히기 어렵다.**

**❸ 그러므로 주가는 맞히기 어렵다.**

우리는 세 번째 문장을 반복해서 말함으로써 아이들이 알아듣기를 바라지만, 사실 인간은 자신이 스스로 깨달은 교훈과 사실에 더 애착을 가지기 마련이다. 그래서 나는 세 번째 문장이 아닌 첫 번째 문장을 가르친다. '주가는 결국 이익에 수렴함'을 경험으로 익히도록 말이다.

그러고나면 교실 밖에서 용돈으로 투자를 하든, 어른이 돼서 월급으로 투자를 하든, 회사의 이익을 맞히려고 할 것이고, 그게 어렵다는 사실을 경험으로 깨달을 것이다. 실제 회사의 이익을 맞히려면 그 회사의 경쟁력만 보지 말고, 그 회사의 경쟁사, 새로운 경쟁자들이 추가로 들어올 수 있는지와 같은 진입장벽도 살펴야 하기 때문이다. 이렇게 높은 난이도를 알고 나면 주식이 왜 어려운지에 대한 본질을 자연스럽게 깨닫게 된다.

하지만 많은 경제교실 선생님이 시도하고 있는, 실제 주식을 투자하는 방식이나 교실 속 사업을 상장하는 방법들은 그 본질을 이해하기엔 문제가 있었다. (그 문제는 8장 주식 Q&A에서 자세히 다루겠다.) 그래서 나는 교실 안에 가상 주식을 상장한다. 그리고 아이들에게 [사진 10]처럼 이익, 배당, 자본을 설명한다.

[사진 10]의 그래프처럼 우유 회사는 현재 이익을 가장 많이 내지만 앞으로 조금씩 줄어들 예정이다. 단, 아이들에게 언제부터 줄어들지는 알려주지 않는다. 반도체 회사는 이익이 들쭉날쭉 기복이 심하다. 그래도 번 돈을 회사에 쌓

사진 **10**

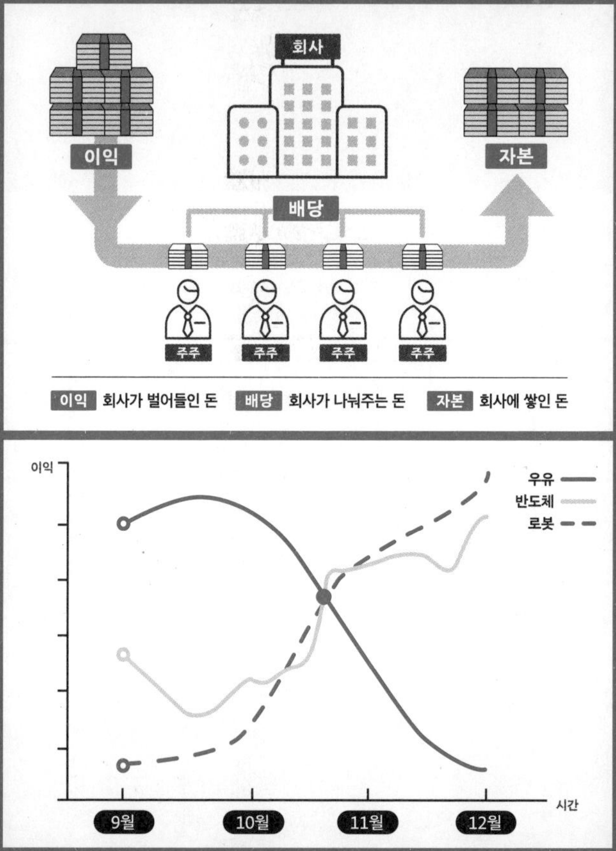


**세 가지 가치**(상)**와 세 회사의 이익 그래프**(하)

가상 주식인 우유 회사, 반도체 회사, 로봇 회사를 교실에 상장해 운영하면서 경제교실 아이들에게 '주가는 이익에 수렴한다.'는 사실을 알려준다.

사진 **11**

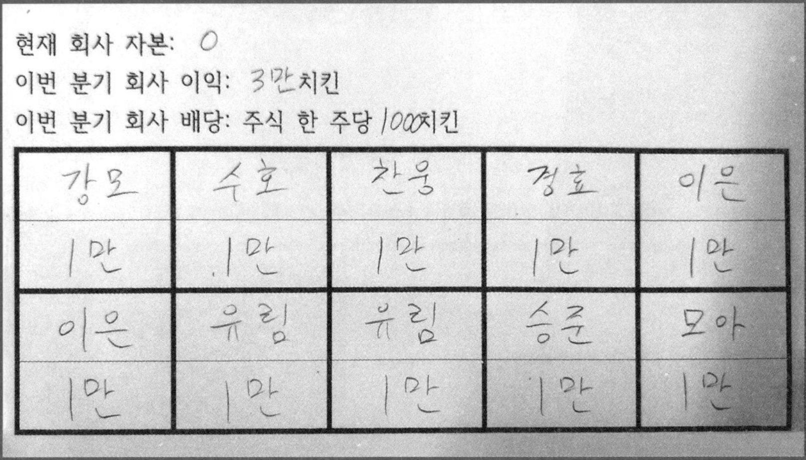

현재 회사 자본: 0
이번 분기 회사 이익: 3만치킨
이번 분기 회사 배당: 주식 한 주당 100치킨

| | | | | |
|---|---|---|---|---|
| 강모 | 수호 | 찬웅 | 정효 | 이은 |
| 1만 | 1만 | 1만 | 1만 | 1만 |
| 이은 | 유림 | 유림 | 승훈 | 모아 |
| 1만 | 1만 | 1만 | 1만 | 1만 |

**주식표**

부동산표처럼 주식 한 주마다 굵은 선으로 나뉘어 있고, 주식 안에는 주주 이름과 가격을 쓴다. 주식표 위에는 현재 회사 이익, 배당, 자본이 적혀 있다.

아두어 자본이 꾸준히 늘어난다. 그리고 로봇 회사는 현재 이익이 안 나지만 나중에 가장 많은 돈을 벌게 된다. 지금은 로봇 회사가 주주(주식을 소유한 사람)에게 배당을 아예 안 주고 있지만, 언젠가 많이 주게 될지 모른다.(주식 운영법은 9장에서 다루겠다.)

"자, 이제 주주총회를 열겠습니다. 오늘은 우유 회사, 반도체 회사, 로봇 회사의 이름을 정하는 투표를 진행하겠습니다. 회사의 주식을 소유한 주주들은 가진 주식 수만큼 찬성 혹은 반대에 투표할 수 있습니다."

주주들의 다양한 아이디어를 받고 투표가 진행된 끝에 멋진 이름들이 지어졌다. 썩은 우유 회사, 한반도 반도체 회사, 깡통 로봇 회사다. 승승장구할 것 같은 작명이다.

## 참을 수 없는 몰빵의 가벼움

부동산 시장과 달리, 주식 시장의 열기는 매우 미지근하다. 부동산 이야기만 나오면 눈을 반짝이며 열심히 월세를 계산하던 아이들이 주식 이야기가 나오면 "주식은 좀 복잡한 것 같은데, 이거 정말 오르는 거 맞아?"라며 고개를 갸웃거린다.

"엄마가 말해줬는데 주식 말고 부동산만 하래."

부동산은 내 집 마련의 의미와 임대료를 안정적으로 받을 수 있다는 점에서 매력적이다. 반대로, 주식은 이익이 어떻게 변할지 모르고, 배당이 언제 끊길지 모른다는 생각에 쉽게 손이 가지 않는다. 아, 물론 부모님의 귀띔도 한몫했다. 그래서 집값은 30만 치킨. 40만 치킨 꾸준히 오르는 반면, 주식은 달팽이처럼 바닥에서 빌빌 기고만 있다.

사실 그게 내 의도다. 주식은 부동산보다 불확실하다. 대신 그 덕분에 배우게 될 태도가 있다. 어떻게 될지 모르는, 회사가 언제 얼마나 이익을 낼지도, 얼마나 배당해줄지도 모르겠는 이 불확실성을 감당하는 태도. 정확히 말하자면, 이 불확실성에 대비해서 주식과 부동산에 분산 투자하는 것, 주식 안에서도 가치 있는 종목을 분산하는 것이다. 물론 처음엔 대부분이 골고루 분산하긴 한다. 대부분은 집 한 채, 나머지 돈은 주식으로 굴리고 있는 모습이다. 그런데 어느 날, 그 전략을 내던질 만큼 참을 수 없는 몰빵의 유혹이 다가온다. 썩은 우유의 이익이 모두의 예상을 뛰어넘었을 때였다.

"10만 치킨? 이익이 10만 치킨이나 찍힐 수가 있나? 회사 자본보다 큰 숫자인데?"

"썩은 우유는 이익이 나중에 감소한다고 했잖아!"

"야, 그래도 지금 이렇게 많이 찍혔는데 사야 되지 않아? 이익이 많이 나면 주주들한테 배당을 많이 나눠줄 수도 있다고 했잖아."

결국 한 번 사보기로 마음을 먹은 학생이 있었는데, 아쉽게도 이미 집을 산 탓에 현금을 마련할 수가 없었다. 어쩔 수 없이 손을 댄 게 대출이었다.

"야, 너 어쩔려고 그래?"

"이익이 이렇게 느는 주식인데 대출할 만하지 않나? 어차피 나중에 땅 팔리면 빚은 다 갚을 거야."

그때 눈치 빠른 친구 한 명이 내 쪽을 힐끔 쳐다보더니 다시 고개를 돌려 이렇게 속삭였다. "만약 이익이 갑자기 떨어지기 시작하면 나중에 어떻게 빠져나오려고?"

다행히도 그런 일은 벌어지지 않았다. 그 반대였다. 이익이 지난주보다 더 늘었고 배당금은 주식 하나당 무려 1만 치킨을 넘어섰다. 며칠 전만 해도 주식 게시판 쪽은 쳐다도 안 보던 이들이 주가를 2배씩 올려가며 사고 있다. 대출을 해서 우유 회사에 투자한 학생은 지렛대를 이용한 덕분에 남들보다 2배 빨리 벌었다. 오직 썩은 우유 홀로 날아간 것이다. 분명 거기서 멈추기로 했다. 하지만 조금만 벌고 대출을 갚을 거라던 약속은, 어제 운 좋게 집이 팔렸음에도 지켜지지 않았다.

'다음 주까지는 오를 게 뻔하지 않나? 그때쯤 갚는 게 맞지 않나?'

땅을 판 돈을 우유 주식에 더 태웠다. 말 그대로 대출까지 낀 몰빵이었다. 대신 아주 잠깐만 할 계획이다. 살짝만 더 벌면 원하는 목표치를 채우니까 그땐 만족하고 손 털고 나올 거다. 만약 여기서 주가가 2배 더 오르면 우리 반에서 1등이 될 수도 있다. 어쩌면 3배까지 갈 것 같은 묘한 확신이 들었다. 예전 경험을 돌이켜봐도 그랬었고 뭔가 이 패턴은 이제 1년 했으니 눈에 훤하다. 이 종목이 3배가 오르고 나면 다들 후회할 수밖에 없다. '잠깐만이라도 벌고 나올걸. 조금이라도 대출 받아놓을걸.' 1학기 때도 느꼈지만, 초반에 많이 벌어둔 친구는 복리로 재산을 불려가기 때문에 꾸준히 격차를 늘리기가 쉬워진다. 마찬가지로 주식 시장이 막 출발한 이때, 우유로 떼돈을 벌고, 반도체나 로봇으로 옮겨서 또 벌고, 번 돈으로 또 다른 걸 사서 벌고 하면 남들을 손쉽게 추월할 수 있다. 그러니 아직 갚을 때가 아니다. 오히려 대출해서 몰빵해야 할 때다.

그런데 며칠 뒤, 썩은 우유의 이익이 꺾이기 시작했다.

## 똑같은 투자자, 상반된 표정

때마침 한반도 반도체 회사의 이익은 늘었지만 썩은 우유의 이익이 폭발할 때와는 사정이 다르다. 썩은 우유는 이익이 늘면 그만큼 주주들에게 배당도 많이 나눠줬다. 그 당시 부동산 임대료가 3,000치킨이었는데 썩은 우유 주식 한 주를 사면 1만 치킨씩 받을 수 있었다. 세 주를 사면 무려 3만 치킨이었다. 그에 반해, 지금 한반도 반도체 회사는 배당을 거의 주지 않는다. 해봤자 500치킨 정도였다. 그 쥐꼬리만 한 배당금을 받은 한 주주는 참다 못해 불만을 터뜨렸다.

"선생님! 한 달 넘게 기다렸는데 왜 배당을 안 줘요!"

"반도체 회사는 기술 개발도 해야 하고, 공장도 짓고 재투자를 많이 해야 돼."

"아무리 그래도 배당이 너무 적잖아요!"

바로 그때, 어떤 주주가 교실 뒤편에 게시된 법을 살펴보더니 이 조항을 발견했다.

❶ 주주가 회사에 안건을 제안하면 회사는 주주총회를 열어야 하며, 주주들은 가진 주식 수만큼 투표권을 행사할 수 있다.

이 조항을 읽고 떠올린 아이디어 하나. 이익의 절반을 배당해줄 것. 이 제안은 빠르게 주주들 사이로 퍼져 나갔고, 교실에는 순식간에 시위 열풍이 불어닥쳤다.

"주주도 사람이다! 사람!"

"폭탄 배당! 폭탄 배당!"

다음날 주주총회가 열렸고 그 안건이 올라왔다. 주식을 가장 많이 들고 있는 대주주, 한 주씩만 가지고 있는 소액주주들 모두 서로 눈빛을 주고받았다. 주주들의 입가에 의미심장한 미소가 떠올랐다. 과반수를 넘겨 안건은 보란듯이 통과됐고, 곧바로 반도체 테마가 불어왔다.

오랜만에 찾아온 훈풍으로 얼굴들에 화색이 돈다. 물론 전부는 아니었다. 주식 시장의 한쪽에서는 반도체 주주들의 환호성이 터져 나왔지만, 다른 쪽에서는 싸늘한 침묵이 감돌았다. 깡통 로봇 회사는 아직도 이익을 많이 내지 못하고 있고, 썩은 우유 회사의 이익은 더더욱 급감해서 어느새 깡통 회사와 비슷한 이익인 5만 치킨을 내고 있었다.

하지만 그 둘의 주가는 다른 방향으로 흘러갔다. 비슷한 이익과 비슷한 배당이었지만, 앞으로의 운명이 다르기 때문이었다. 그래서 깡통 주주들은 끝까지 버텨보겠다고 악을 쓰는 반면, 썩은 우유 주주들은 늦기 전에 너도나도 주식을 털어내려 했고, 주가는 뚝뚝 떨어지기 시작했다.

이제라도 주식을 팔아서 떠날 수야 있지만, 그러지 않고 가만히 듣고 있는 몇몇 주주들의 마음은 모두 비슷했다. 손실을 현실로 받아들이는 게 그저 두려웠던 것이다. 이 심정을 알 리 없는 반도체 주주들의 함성은 교실을 쩌렁쩌렁 울려댔다. 그들의 요란한 기쁨이 온몸을 쑤셔대는 듯, 썩은 우유 주주들의 표정이 자꾸만 구겨진다. 이 모습을 멀리서 지켜보던 나조차 미간이 찌푸려질 만큼 쓰라린 표정이다.

상온에 방치된 것처럼, 썩은 우유 회사는 말 그대로 썩어가고 있었다. 11월이 되자 배당금에 0치킨이 찍힌 채로 달라질 기미가 안 보인다. 앞으로 영원히 이럴 거라면 이 주식을 1만 치킨에 샀든, 2만 치킨에 샀든, 3만 치킨에 샀든 다 똑같다. 모두 가치는 0이다.

선택이 갈렸다. 누군가는 썩은 우유를 팔고 떠났지만, 누군가는 자기가 산 가격보다 더 내려왔다면서 썩은 우유 지분을 더 담고 있었다. 가격이 떨어졌다고 무작정 사는 행위. 실제 개인투자자들이 돈을 잃는 주된 이유였다. 내가 아이들에게 이런 비유를 들려주는 이유이기도 하다.

"마트에 갔는데 이미 썩어 문드러진 토마토가 3,000원이고, 싱싱한 토마토가 10,000원이야. 너희들은 어떤 걸 살래? 그렇지. 비싸더라도 싱싱한 토마토겠지. 가격을 보지 말고 가치를 봐야 해."

## 추락하는 재산에는 날개가 있다

1학기 버블 붕괴 때도 본 적 없던 하락폭이었다. 썩은 우유가 1/3토막이 났다. 회사 입장에서도 어찌할 방법이 없다. 적자가 지속된 탓에 이익도, 배당도, 자본도 없으니까. 주주로서 주주총회에 나가 요구할 것도 없다. 돈을 더 열심히 벌라고 할 수도 없고, 버는 돈이 없는데 나눠주라고 할 수도 없으니까. 정말 말 그대로 휴지 쪼가리가 되어 버렸다.

썩은 우유에 거금을 투자한 학생이 엎드린 채 울음을 터뜨렸다. 그 눈물에 수많은 후회가 묻어났다. 욕심부리지 말고 팔아둘걸. 그때 대출이라도 쓰지 말걸. 내 돈만 가지고 할걸. 한 종목에 몰빵하지 말걸. 가격이 떨어졌다고 함부로 사지 말걸. '지금이라도 팔아야 되나?' 싶을 때 팔아둘걸. '팔아둘걸.' 하고 후회했을 때라도 팔아둘걸.

그 후회가 그치고나자 문득 한 가지 의문이 떠올랐다.

'내가 어쩌다가 이 종목에 얽매여 버린 걸까?'

그 이유를 생각하느라 한참 동안 허공을 바라봤다. 그렇게 떠올린 네 가지 기억.

남들보다 더 빨리 더 많이 벌어야 한다는 욕심. 왠지 모르게 오를 것 같은 직감. 내가 바라는 모습만 상상하게 만들었던 희망. 이제 와서 팔기엔 늦었다는 미련. 한 가지 사실을 뒤늦게 깨달았다. 욕심, 직감, 희망, 미련. 모두 감정이라는 것이다.

감정에 휘둘린 결과, 20만 치킨이 넘는 재산이 0까지 추락했다. 두 달 전, 그니까 2학기 초만 해도 20만 치킨은 평균 이상의 재산이었다. 5만 치킨을 들고 있는 이들, 10만 치킨을 들고 있는 이들의 목표이자 부러움이었다. 하지만 정작 본인 눈에는 40만, 50만 치킨을 들고 있는 이들만 보였나 보다. 아직 갈 길이 멀었고, 시간을 앞당기기 위해선 대출이라는 날개가 절실했다.

다만 그 날개는 모두에게 공평한 추락을 선사한다. 자기 재산만큼의 커다란 날개를 꺼냈다면, 얼마나 화려한 비행이었든 상관없이, 추락할 땐 내 몸체가 바닥에 고꾸라지는 건 똑같다. 20만에서 0을 곱하든, 30만에서 0을 곱하든, 100만에서 0을 곱하든 모두 0이듯이 말이다. 이전에 얼마나 많은 소비를 참아왔고, 얼마나 열심히 일을 했든, 단 한 번의 선택으로 0이 될 수 있는 공평함이다.

무서운 점은 그 선택으로 인해 앞으로 실패를 겪을 수 없다는 것이다. 더 이상 시도 할 수 없기 때문이다. 대출이 위험한 건 그런 이유였다. 다양한 시도를 해보고 실패를 겪어보는 것. 그 성공 공식을 알아도 더 이상 도전해볼 수 없다.

"투자는 암벽 타기하고 같다고들 해. 높은 곳까지 오르려면 정말 긴 시간이 걸리지만, 떨어지는 건 한순간이니까. 그리고 누구는 암벽을 빨리 오르고 누구는 천천히 오르지만, 한 번이라도 발을 헛디뎌서 떨어지게 되면, 얼마나 높게 올랐는지 상관없이 끝이 나버리니까. 너무 조급해하지 말아 봐. 너희들이 스스로 정한, 너희들만의 목표에 언젠간 도달할 거라면, 조금 느리더라도 천천히 발을 디뎌보자."

누구보다 천천히 암벽을 오른, 제대로 된 날갯짓 한 번 없이 기나긴 두 달을 견딘 깡통 로봇 주주들이 축배를 든 날이었다. 이익이 눈에 띄게 늘어나기 시작했다. 심지어 한반도 반도체 회사의 이익보다 더 큰 숫자였다. 그동안 참 많이 기다렸다. 안 그래도 지루해서 미치겠는데, '남들은 주식으로 돈 벌고 왜 나만 못 버는 거지.' 하는 자책감마저 들던 참이었다. 드디어 로봇의 시간이 찾아왔다. 다만 한 가지 아쉬운 건 깡통 회사에 쌓인 자본이 얼마 없다는 점이다. 반대로 반도체 회사는 현재 이익은 좀 적더라도 그동안 쌓아온 이익들이 쌓여 회사에 자본이 넘쳐났다. 갑자기 이 말을 왜 꺼내냐면 어떤 한 주주가 이렇게 물어봤기 때문이다.

"만약 회사 주식을 다 사버리면 어떻게 돼요?"

"그 회사의 주인이 되는 거지. 그 회사가 버는 돈, 나눠주는 배당, 쌓인 자본 모두 네가 가질 수 있어."

"지금 반도체 회사에 있는 자본 200만 치킨을요?"

이익이 폭발적으로 터지고 있는 건 로봇인데 의외로 반도체가 무섭게 달리기 시작했다. '주식은 떨어질 땐 부동산보다 무섭게 떨어지던데, 오를 땐 꽤 무섭게 오르네.' 하며 다들 주식을 달리 보는 눈빛이다. 때마침 예금 금리가 0%, 대출 금리가 0.5%까지 내려가더니, 반도체 회사가 순식간에 3배 올랐다. 그러나 아이들은 단단히 경계하고 있다. 금리가 낮아졌다고 안심할 수 없다. 언제 금리가 높아질지 모른다. 금리가 낮을 땐 모두가 평화롭지만 금리가 오르면 문제가 터진다. 그 상처를 입어본 아이들은 서로를 거칠게 경고했다.

"야, 너 차가울 때 뜨거울 줄 알고, 뜨거울 때 차가울 줄 알아야 한다. 줄여서 차뜨뜨차 모르냐?"

"맞아, 지금 반도체 주식 만지면 화상 입어!"

"두 번은 안 당하지~"

그때, 나는 이 말 한마디로 대중들의 마음을 한순간에 바꿔버린다.

**"앞으로 3주 동안**
**지금 금리 그대로 유지합니다."**

# 5장 투자 시장에서 충돌하는 두 가지 철학

## 한 번 더 피어난 교실 속 튤립

17세기 네덜란드는 최고의 경제 대국 지위를 가진 세계적인 무역 강국이었다. 부와 문화가 동시에 꽃피던 이 시기에 네덜란드에서 유독 인기를 끈 게 하나 있었는데, 바로 튤립이었다. 예술 작품으로 여겨질 정도로 인기를 끌었던 나머지, 튤립은 투기 열풍마저 일으켰다. 튤립을 갖기 위해서 사는 게 아닌, 돈을 벌기 위해서 사는 이들로 인해 가격이 치솟았던 것이다.

사람들은 튤립 구근에 대한 지식 없이도 튤립 구근에 투자하겠다며 뛰어들었다. 누군가는 퇴직 후의 안정된 노후를 꿈꾸며, 누군가는 결혼 자금을 마련하기 위해, 누군가는 나 혼자만 시대를 놓치는 게 아닐까 하는 두려움에, 집과 농장을 담보로 대출을 받아 뛰어들었다. 그 열기가 서로에게 굳건한 믿음을 안겨주고, 그 믿음이 열기를 끌어올린 덕에, 사람들은 실제로 튤립 구근을 소유하지 않고도 튤립 구근을 사겠다는 약속을 거래했다.

1637년 2월 3일, 튤립 구근 하나의 가격이 집 한 채의 가격을 넘어설 쯤이었다. 한 술집에서 평소처럼 경매가 열렸는데 아무도 손을 들지 않았다. 이런 장면은 처음이었다. 이날의 소문은 순식간에 전역으로 퍼졌고, 곧 가격이 폭락하기 시작했다. 단순히 가격만 떨어진 게 아니라 아예 거래 자체가 발생하지 않았다. 결혼을 꿈꾸던 청년들. 노후를 준비하던 중년들. 대출을 빌린 수많은 이들. 모두 몇 달 만에 파산했고, 네덜란드는 최고의 경제 대국 지위를 영국에게 빼앗길 정도로 깊은 침체를 겪게 되었다.

200년이 지난 뒤, 이러한 튤립 버블을 전 세계에 알린 건 《대중의 미망과 광기》(찰스 맥케이)라는 책이었다. 이 책 덕분에 전 세계는 튤립 버블의 발단과 절정 그리고 붕괴 과정을 알게 되었고, 사람들의 군중 심리가 어떻게 경제적 광기로 이어지는지를 깨달았다.

그래서, 마침내, 드디어, 더 이상 버블이 일어나지 않았을까? 당연한 얘기지만 그 이후로 수없이 많은 경제 버블이 반복되고, 또 반복됐다. 그리고 이런 역사의 끊임없는 굴레를 가리키며, 워렌 버핏은 이런 말을 남겼다.

**역사를 통해 배울 수 있는 유일한 교훈은**

**인간은 역사를 통해 배울 수 없다는 것이다.**

– '워렌 버핏'의 말 중에서

"주! 식! 주! 식!"

"주! 식! 주! 식!"

"야, 요즘 누가 부동산하냐!"

"맞아! 고작 월세 1% 받아서 뭐해! 주식이 최고야!"

"200만치킨 가즈아!"

인간은 망각의 동물인가 보다. 1학기 때 버블과 폭락의 교훈, 내가 인용했던 수많은 명언들은 잊어버린 채, 우리 반에서도 다시 열기가 부풀어오른다. 초기에 반도체 주식에 투자했다가 2배의 수익만 벌고 떠났던 이들은, 자신들이 팔고 난 뒤 10배나 더 올라버린 광경에 괴로워하며 뒤늦게라도 반도체 버블에 뛰어들었다. 어느 날은 깡통 로봇의 주가

사진 **12**

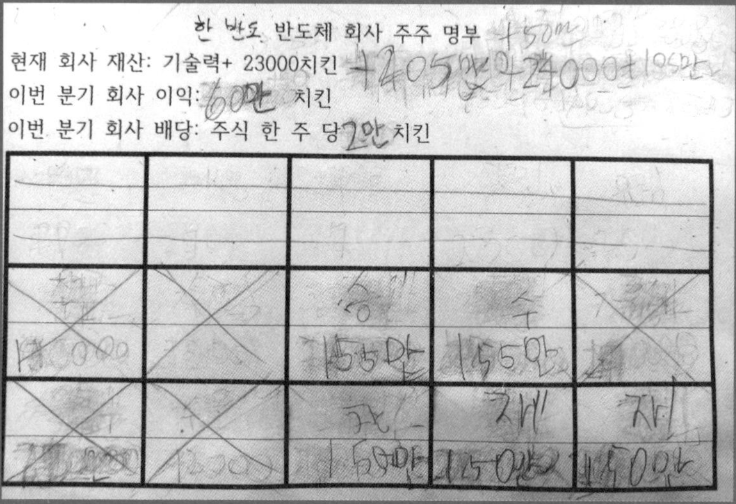
한 반도 반도체 회사 주주 명부

현재 회사 재산: 기술력+ 23000치킨

이번 분기 회사 이익: 60만 치킨

이번 분기 회사 배당: 주식 한 주 당 2만 치킨

**2학기**
**주식 버블**

주식표에 X 표시에 된 부분은 회사가 자사주를 매입하여 소각한 부분이다. 15주 중 10주를 자사주 소각으로 없애서 5주밖에 남지 않았다.

가 오르며 유행을 타자, 몇몇은 반도체 주식을 내던지고 깡통 로봇으로 몰려들었다.

'이게 대체 언제까지 오를까? 이제 그만 뛰어내릴까? 근데 만약 뛰어내리고 나서 2배, 3배 더 가면 어떡하지? 그때 나 어떡하지? 좀만 더 견뎌볼까?'

결국 분위기에 휩쓸려서, 아무거나 보이면 일단 사놓고, 다른 누군가에게 더 비싼 가격에 넘겨준 뒤, 또 다른 누군가에게 또 다른 무언가를 비싼 가격에 받아, 더 비싼 가격에 팔기를 반복했다. 그러다 보니 이익도, 배당도, 자본도 없는 썩은 우유마저 오르고 있었다.

그 와중에도 남들이 자신보다 더 버는지 덜 버는지를 끊임없이 점검하며 더 빠르게, 더 많이, 더 과감하게 몰아붙이는 모습이다. 그렇게 주식으로 번 돈들은 부동산에도 흘러가, 모든 자산들이 하나도 빠짐없이 골고루 폭등했고, 최근 며칠 동안 재산이 2배 이상 늘지 않은 사람은 단 한 명도 없었다. 다시 한번 흥얼흥얼 노랫소리가 들려오면서, 그 노랫소리의 리듬에 맞춰 동료들과 춤을 추는 광경이 보인다. 그럼에도 예전의 상처 때문인지 아직 긴장의 끈을 놓지 못하는 무리가 있다. 그중 한 명은 내 근처에 와서 슬쩍 떠보기도 한다.

"남들이 뜨거울 때 차가울 줄 알아야 하는데 지금이 그때 이려나?"

나는 그저 웃을 뿐이다. 솔직하게 고백하자면, 금리를 결정하는 나조차도 정확히 얼마가 꼭대기일지는 모른다. 금리를 올린다 해도 바로 반응하는 경우가 있고, 너무 뜨거워 뒤늦게 반응하는 경우도 있다. 대중의 심리는 계산할 수가 없다. 투자자로서 중요한 자세는 따로 있다. 최저점에 사서 최고점에 팔아버리는 것과 같은 타이밍 맞히기가 아닌, 그저 지금 가격이 싼지 비싼지를 판단하는 접근이다. 사실 그것만으로도 힘들다. 하지만 역사 속 대다수의 투자자들은 욕심에 눈이 멀어서 타이밍 맞히기에만 집착했고, 이번 사태도 예외는 아니다.

"얼마까지 갈지는 아무도 몰라. 그냥 지금 내가 뭘 해야 하는지를 고민해야 돼."

아쉽게도 논리적인 판단이 서기 전에 벌써 옛 기억이 자극된다. 금리가 막 내려간 시점, 버블 초창기에 풍긴 그 화려함. 모두가 취한 쾌락. 어떤 사업을 도전하든 보장된 성공. 모든 게 다 잘 될 거라던 희망과 낙관. 돈다발이 서로의 손을 빠르게 돌고 돌며, 한 바퀴 돌 때마다 더 커지고 또다시 더 커지기를 반복했던 열기. 그 기억들이 떠올랐다. 굳이 어렵게시리 가치를 따지지 않고 그저 눈앞에 보이는 가격만 따지면 되는 세상이었다. 금리가 오르기 전까지는 말이다.

그런데 그렇게 무서운 존재였던 금리가 3주 동안 오르지 않는다. 그러면 다른 사람들도 안심하고 자신 있게 투자할 수밖에 없다. 3주 동안 부동산과 주식 모두 꾸준히 상승할 수밖에 없다. 0%의 금리는 또 한번 모든 걸 정당화하는 무소불위의 권력을 갖게 된다. 지금 이 순간 저금하는 것보단 임대료나 배당을 받는 게 낫다. 뭐든 좋다. 일단 손에 넣고 보자.

하지만 주식과 부동산처럼 실체가 있고 가치 있는 자산도, 그 가치를 넘어선 가격에는 튤립이 된다.

## 똑같은 강물에 두 번 뛰어들 수 없다

1637년 네덜란드 튤립 버블. 1720년 남해 회사 버블. 1980년대 후반 일본 부동산 버블. 2000년 닷컴 버블. 2008년 미국 부동산 버블 등으로 인해 투자 시장에는 한 가지 철학이 자리 잡았다.

"역사는 반복된다."

시대와 상황은 변해도 인간의 본성은 변하지 않기 때문이다. 교실에서도 버블의 역사는 똑같이 재현됐다. 1학기에 금리가 바닥을 치고 난 뒤, 부동산 버블이 발생했다. 이번에도 금리가 바닥을 쳤으니, 역사는 반복된다는 철학에 따르면 지금은 조심할 필요, 아니 빚을 내도 괜찮다.

그러나 "역사는 반복된다."에 반대되는 철학이 있다.

"똑같은 강물에 두 번 뛰어들 수 없다."

1991년 이후 일본에서는 부동산뿐만 아니라 주식 시장도 긴 하락을 겪었고, 전고점을 회복하기까지는 거의 40년의 세월이 걸렸다. 따라서 2000년 닷컴 버블 직후에도 전 세계에 비슷한 현상이 이어질 것이라는 예측이 나왔지만, 시장은 생각보다 빠르게 회복했다. 그리고 인터넷 관련 주식에만 불어닥친 버블이었기 때문에, 전체 경제에 미친 영향은 더욱 제한적이었다. 주가도 긴 하락을 겪지 않고 반등하여 S&P500 기준으로는 7년 만에 전고점을 돌파했다.

만약 지금 교실에서도 1학기 버블과 완전히 같은 일이 벌어진다면 현재는 투자해야 하는 시점이다. 대출까지 동원해야 하는 기회다.

'금리가 다시 오르기 전까지 주가는 폭등할 테니까, 3주 동안은 충분히 즐기다가 그 전에 쏙 빠져나와야지.'

하지만 이런 완벽한 계획에 찬물을 끼얹는 사실이 하나 있다. '지금은 썩은 우유에 몰빵해야 할 때다.'라고 하던 투자자의 마음에 '소망'이라는 감정이 섞여 있었던 것처럼, '역사는 반복된다.'라며 뛰어든 이들의 철학에도 소망이 들어 있다는 점이다.

역사가 반복되지 않으면 그들이 배운 것들은 의미가 없어진다. 그들이 들였던 시간과 노력, 겪었던 실패와 고통, 경험을 통해 얻은 지식과 교훈들이 의미를 잃지 않기 위해서 역사는 그대로 반복되어야만 한다.

그러나 안타깝게도 1학기와 2학기는 결정적인 요소가 다르다. 1학기 부동산에서 보여주지 못한 공급이라는 변수 말이다. 실제 부동산과 달리, 교실에선 책상을 늘리기엔 공간이 좁아 주택 공급을 늘릴 수 없었다. 반면, 교실 속 주식은 얼마든지 추가로 발행할 수 있다. 예전과 지금은 분명 다르다.

**"로봇 회사가**
**공장을 더 지으려고 해서 자금이 필요한데,**
**지금 주가보다 30% 싸게 주식을 더 발행하면 살 사람?"**

이 거절할 수 없는 제안 속으로, 은행에 남아있던 예금들이 순식간에 빨려 들어갔다. 반도체 테마를 따라 붙느라 이미 빚을 내버린 이들은 손가락만 빨면서 섭섭한 표정을 짓지만 어쨌든 괜찮다. 어차피 앞으로 3주 동안 금리는 동결이다.

그런데 이상하다. 주가가 힘을 받지 못한다. 이럴 리가 없는데. 이렇게 썰렁할 리가 없는데. 대출 금리가 0.5%인데도 더 이상 대출받는 사람이 없다. 왜일까, 하며 주변을 둘러보니 주식을 추가로 발행할 때 대출까지 받았던 사람이 많아서 다들 이자 내느라 주식을 살 수가 없다. 새롭게 살 사람이 없다. 새로운 투자자가 들어오지 않는 것은 1학기 때 버블 붕괴의 전조증상이었다. '왜 이렇게 분위기가 싸해졌지? 설마 내가 버블에 뛰어든 마지막 사람이었나?'

그리고 드디어 약속한 3주가 지났다.

금리로 혼내줄 차례다.

**"내일부터**
**매일 1%씩 금리를 올리겠습니다."**

틀림없이 역사는 반복된다. 투자의 세계에서도 역사는 반복되어왔고, 앞으로도 반복될 것이다. 교실도 예외는 아니다. 분명 최근 있었던 일들은 1학기 때의 버블 초창기를 연상케했다. 그때와 똑같이, 친구들의 얼굴은 빨갛게 달아올라 있었고, 금리도 똑같이 바닥을 찍었다. 심지어 3주 동안 올리지도 않겠다는 발표까지 이어졌다. 그러면 똑같은 일이 벌어져야 하지 않나? 왜 하늘 높은 줄 모르고 치솟았던 1학기 버블이 그대로 재현되지 못했을까?

그건 똑같은 강물에 두 번 뛰어들 수 없기 때문이다.

"이제까지 그랬으니 앞으로도 그럴 거야."라며 달려들었던 투자자들이 가격을 내려서라도 급하게 주식을 털어냈다. 대출 금리가 10%에 육박했을 쯤에는 또 한 번 웬만한 주식들이 반토막이 났다. 사상 최대의 이익을 내고 있는 로봇 주식만 견고하게 버티고, 나머지 자산들은 매일같이 떨어지는 중이다. 그런데 나는 여기서 한 번 더 "똑같은 강물에 두 번 뛰어들 수 없다."의 의미를 곱씹어야 했다. 왜냐하면 1학기 버블이 붕괴된 후와 2학기 버블이 붕괴된 후에 전혀 다른 일이 벌어졌기 때문이다. 2학기 버블이 붕괴된 후엔 갑자기 경제가 돌아가지 않았다.

## 아이들이 주저앉은 사회

자산 시장에는 참 이상한 일이 벌어진다. 교실 안에 1번부터 10번까지 번호가 매겨진 10개의 주식이 있다고 상상해보자. 주가는 모두 100만 치킨이다.

1번 주식의 주주가 높아진 금리를 견디지 못해서, 100만 치킨의 빚을 갚기로 마음먹은 날이었다. 정확히 본전인 100만 치킨에 1번 주식을 내놨는데 아무도 사주지 않는다. 90만, 80만을 불러도 비슷한 반응이었다.

"야, 50만까지 낮추면 내가 살게."

분명 막대한 손실이었지만 '이자가 쌓이는 것보단 낫다.' 하며 팔아넘긴 1번 주주는, 그 50만 치킨 현금을 받은 채 자산 시장을 바로 떠나버렸다. 그 50만 치킨에 조금 보태서 옆에 있는 2번 주식을 사는 일은 없었고, 그로 인해 2번 주식의 주주가 3번 주식을 사게 되는 연쇄반응도 없었다. 거래는 여기서 뚝 그쳤다. 그런데 문제는, 1번 주식의 주주가 총 100만 치킨을 빌렸기 때문에, 아직 상업 은행이 받지 못한 50만 치킨이 남아있다는 점이었다.

사실 2번 주식의 주주도 상업 은행에 50만 치킨의 빚을 지고 있었다. 그걸 갚으려고 2번 주식을 싸게 내놨더니 반가운 소식이 들렸다. 어떤 매수자가 50만 치킨에 사겠다는 약속을 한 것이다. 이제 돈만 건네주면 되는 상황이다. 그런데 매수자가 상업 은행을 찾아가자 은행 사업자의 눈동자가 흔들리더니, 잠시 목을 가다듬고 어렵게 입을 뗀다. "은행 장부에 예금 50만 치킨이 적혀 있긴 해. 근데 그 돈은 이미 누구한테 빌려준 상태고, 만약 그 사람이 갚지 않으면 당분간 돌려줄 수 없어." 그 말과 함께 거래는 한 번 더 뚝 그쳤다. 이렇듯 돈이 썰물처럼 빠져나가는 이상, 자산 시장에는 거래 절벽이 나타난다.

요즘은 사탕 가게 두 곳 모두 파리만 날린다. 그중 한 가게에는 난감한 사정이 있었다. 원래 그 가게 주인이 가게를 차린 건 소박한 이유였다. 친구들이 자신의 가게에 찾아와 사탕을 먹으며 행복해하는 모습을 보고 싶었던 것이다. 단지 나를 찾아와주는 느낌만으로도 그저 좋을 것 같았다. 하지만 현실은 그리 녹록지 않았다. 교실에서 사탕 가게를 운영하려면, 선생님에게 간식을 대량으로 구매해서 낱개로 파는 방식만 가능했고, 대량으로 구매하기 위해선 막대한 자금이 필요했다. 그래서 결국 대출을 빌려 간식 세트를 구입해 가게를 꾸렸다. 그런데 갑자기 주식 시장에 한파가 불어닥쳤고, 떨어지는 주가처럼 손님의 수도 급격하게 쪼그라들었다.

만약 이런 식으로 손님이 없으면, 친구들에게 행복을 전하려던 꿈은 고사하고, 조만간 빚더미와 사탕 더미에 나란히 앉게 될 지경이다. 분명 주변을 둘러보면, 내 가게에 전시된 사탕과 옆 가게에 있는 사탕까지 모두 사고도 남을 재산이 있는 사람은 군데군데 보였다. 하지만 그런 금전적 여유가 있는 이들이 그동안 1개씩 먹어온 사탕을 5개, 10개씩 먹지는 않았다. 그래서 아무리 맛있는 간식을 내놔도, 대출 갚기 급급해서 못 사는 이들과 굳이 2개 이상을 사지는 않는 이들로 인해 매출은 뚝 끊겨버렸다.

어쩔 수 없이 사탕 가게 주인은 그동안 틈틈이 구매하던 복권마저 끊게 됐다. 그로 인해 복권 사업자들의 매출도 사탕 가게의 매출과 놀랍도록 비슷한 곡선을 그렸다. 그런데 하필 복권 사업자는 상업 은행의 주요 고객이었다. 일주일 동안 열심히 돈을 벌어들인 복권 사업자가 번 돈을 저금하면, 그 돈으로 대출을 해주던 상업 은행은, 이제 더 이상 돈을 빌려줄 수 없게 됐다. 설상가상으로 사탕 가게 주인이 빌린 대출의 이자마저 연체되기 시작했다. 새롭게 대출을 받아보겠다는 고객이 오랜만에 찾아왔지만, 힘없는 손짓으로 돌려보내야 했던 이유였다.

돌이켜보면 1929년부터 1939년까지 미국에 찾아온 대공황의 시작도 주식 시장의 붕괴였다. 그 붕괴는 은행 파산과 대출 감소를 낳았고, 그 결과 고용과 소비 감소로 이어졌다. 1991년 이후, 일본에 찾아온 '잃어버린 30년'도 매우 유사했다. 당시 대규모 해고를 당한 이들은 소비와 투자를 극도로 줄이기 시작했고, 이는 기업들의 매출을 하락시켜 또 다른 실업자를 양산했으며, 결국 경제를 더욱 위축시켰다.

우리 교실에도 내가 그토록 우려했던 일이 벌어졌다.
'잃어버린 30년'의 역사가 찾아왔다.

# 6장 작은 사회에 찾아온 '잃어버린 30년'

왜 아무도 사탕 사러 안 올까. 가격을 10,000치킨까지 내렸는데도 아무도 안 와.

나도 복권 가격 1,000치킨까지 내렸는데 아무도 없어. 원래 5,000치킨에도 잘 팔렸었는데.

야, 근데 너 그거 기억나? 맨 처음에 사탕 10치킨이었던 거. 그땐 정말 비싸다고 생각했는데. 사실 나 그때 진짜 큰맘 먹고 샀었는데.

맞아, 웬만한 건 거의 다 100치킨도 안 됐잖아. 벌금도 10치킨이었던 거 기억나? 그때 집에서 숙제 못 가져와가지고 벌금 내야 돼서 울었었는데.

넌 숙제 깜빡해서 냈던 벌금만 모았어도
땅 하나는 샀겠다야. 아 맞다! 맨 처음에
땅 전부 200치킨이었던 거 알아?

아, 그때 확 그냥 전부 다 사버릴걸.

지금 그 생각 안 하는 사람 없어. 나 그때 사탕 하나만
덜 샀어도 200치킨 모아서 땅 하나 더 살 수 있었는
데, 딱 10치킨 모자라서 못 산 거 아직도 후회된다.

아, 우울하다. 그때 좀만 더 아낄걸.
3월달에 좀만 더 벌어놓을걸.

근데 나중에 커서 행복하려면 돈이 많아야 할까?

아니지. 저번에 선생님이 사랑하는 사람,
삶의 태도, 건강도 행복에 중요하다고 했잖아.
돈도 어느 정도 필요하다고 하셨지만.

그러면 우리는 왜 이렇게까지 돈을 벌려고
하지? 행복하기 위해서인가?

처음엔 그랬던 거 같은데.

지금은 아닌 것 같아.

## 그들의 성공은 운이었을까, 노력이었을까

'잃어버린 30년'이 들어선 교실에서 아이들은 옛날을 회상하며 시간을 때우다가도, 가끔씩 무거운 침묵으로 멍하니 허공을 바라봤다. 그저 추억을 떠올리느라 침묵에 잠긴 건 아니었다. 대신 무언가를 깊이 고민하는 듯했다. 그동안 아무도 확실한 답을 내리지 못한 채, 애써 외면해왔던 그 고민 말이다.

"선생님, 성공은 정말 노력만 하면 되는 걸까요?"

우리 반에서 가장 소득이 높은 직업은 정해져 있고, 그 자리는 시험을 통해 결정되며, 그 시험에서는 1점 차이로 운명이 갈리는 경우가 매번 존재한다. 평상시에 내가 관찰한 바로는 계산도 훨씬 정확하고 일도 성실히 했지만, 성적만큼은 낮게 나온 억울한 경우도 늘 있었다. 그 억울한 차이로 다른 이에게 기회를 넘겨주고 나니, 그 넘겨준 주급의 차이가 때로는 집값만큼의 차이로 벌어지기도 했다.

버블 속에서도 운이라 불릴 만큼 극적인 손바뀜이 있었다. 버블이 시작되는 초창기였다. 고객들의 예금 계좌를 쭉 살펴보던 한 학생이 '지금은 매우 비싸다.'고 판단을 내린 것이다. 맞는 판단이었다. 현재 예금 상태로는 집값을 올려 살 힘이 없었다. 그러나 아직 대출이라는 변수가 남아 있었다. 사람들이 얼마나 돈을 빌릴지는 전혀 가늠할 수가 없었다. 그러한 사실을 염두에 두지 않고 일찍 내다 판 게 화근이었다.

운 좋게 그 물량을 어부지리로 받아간 학생이 있었다. 그 학생은 아무런 생각 없이 버블 초창기에 들어와서 '이게 정말 돈이 되는구나.' 하며 대출을 끌어다 썼을 뿐이었다. 물론 운이 좋다 해도 버블 꼭대기에서 매물들을 전부 팔아버리진 못했다. 버블 꼭대기 끝까지 먹고 싶다는 욕심으로 타이밍을 놓쳤고, 결국 하락을 맛보았다. 하지만 버블 초창기부터 조심스럽게 접근한 학생보다 재산이 더 커져 있었다.

여기까지만 보면 경제적 성공은 정말 운일 수도 있다. 하지만 이런 순간은 매우 짧고 드물다. 많은 이들은 이 1%에 속하는 극적인 순간에 너무 몰입한 나머지, 99%에 달하는 일상을 쉽게 잊어버리고 만다. 버블 속에서 1%의 도박으로 떼돈을 벌었던 학생이 결국 99%의 일상 속에서 서서히 재산이 깎여나가 부동산을 도로 뱉어낸 사실이 많은 걸 설명해준다.

실제로 교실을 돌아보면, 일상의 격차가 재산의 격차로

이어진 경우가 훨씬 흔하고 매년 일관되게 관찰된다. 물론 하루만 놓고 보면 서로에겐 큰 차이가 없다. 조금 더 열심히 일하고 조금 더 규칙을 준수하며 조금 덜 소비하고 조금 더 합리적으로 투자할 뿐이다. 하지만 그 하루가 누적되면 무시할 수 없는 차이가 발생한다. 이 현상들을 1년 동안 관찰하는 교사로 하여금, 꾸준함과 성실함의 위력을 깨닫게 해줄 정도다.

한 가지 신기한 점은 이 작은 사회를 4년간 지켜본 결과, 어떤 노력보다도 1학기 초반, 즉 3월과 4월에 얼마나 노력했느냐가 가장 결정적이었다는 것이다. 아이들마저 뼈저리게 느낀다. 초반의 격차가 복리로 굴러가서 나중에 어떤 차이를 일으키는지. 그래서 어느 날, 내 귓가에 이런 대화가 들린 적도 있었다.

"어렸을 때 열심히 공부하고 열심히 돈 벌어 놔야겠어. 그래야 나중에 이렇게 돈으로 돈을 벌 수 있잖아."

1년 동안 내가 얘기해 본 적 없던 경제적 자유와 노후 대비를 스스로 깨닫고 있었다.

그런데 3월과 4월에 그 누구보다 열심히 일하던 이들이 12월이 된 지금, 주급이 턱없이 적게 느껴질 만큼 큰 재산을 일군 탓에 일을 그만둬 버렸다.

“너희들 좀만 더 일해 봐. 계산 잘하는 은행원이 있어야 돼. 주급 2배로 올려줄게.”

“아니에요. 선생님. 저희 괜찮아요.”

이제껏 본 적 없던 온화한 미소였다. 그래, 그동안 고생했다. 그들이 멋지게 이뤄낸 경제적 자유를 축하한다는 의미로 박수 치고 있던 나는, 속으로 생각했다.

‘앞으로 어떡하지?’

그들은 일을 전혀 하지 않고서도, 월세와 배당만으로 자산 격차를 점점 벌리고 있었다. 무서운 점은 단순히 금액만 커지는 게 아니라 비율이 늘어나고 있다는 사실이다. 그들이 소유한 주식과 부동산이 교실 전체에서 차지하는 비율은 50%에서 60%로 늘어났고, 현재 70%에 닿기 직전이다. 설상가상으로 대공황까지 덮쳐 더 이상 돈이 돌지를 않는다. 어떤 사업이든 실패를 거듭한 탓에 모두가 아무런 시도도 하지 않게 됐다. 가느다란 사다리마저 사라진 뒤부터, 돈이 넘쳐서든 부족해서든 모든 이들이 제 나름의 이유로 가만히 격차를 바라만 보고 있다.

경제교실을 처음 운영했을 때만 해도 나는 이 문제가 간단하게 해결될 줄 알았다. 그냥 돈이 부족한 사람들에게 충분한 돈을 뿌리면 되니까.

아니었다. 몇 가지 문제가 있었다.

먼저, 미친 듯이 물가가 오르기 시작했다. 어제 1만 치킨이었던 사탕이 오늘 2만 치킨으로 변해 있었다.

"선생님, 이거 뭔가 잘못되고 있는 거 아니에요?"

아이들은 주머니에 있는 돈을 다 털어서 허겁지겁 아무거나 사들였다. 사탕이나 초콜릿은 물론, 이미 충분히 가지고 있던 연필과 지우개까지. 이 쓸모없는 종이 쪼가리를 조금이라도 쓸모 있는 물건들로 바꾸려고 악착같이 달려들었다. 분위기에 휩쓸려 욕망과 공포를 느끼는 건 주식과 부동산 시장만이 아니었다.

고장나버린 물가가 날아오를수록 학급 화폐에 대한 신뢰는 바닥으로 떨어졌다. 아이들은 더 이상 돈을 벌려고 하지 않았다. 어쩌다 돈이 덜컥 생기면 벌레 털어내듯 바로바로 써버렸고, 이제 거래는 물물교환으로 이루어졌다.

그다음 해에는 화폐 가치를 급격하게 떨어뜨리지 않는 선에서 돈을 풀었다. 공무원, 환경미화원, 교사 등 공공 기관 일자리의 임금을 과감하게 올리는 방식으로 말이다. 그랬더니 또 예상치 못한 일이 벌어졌다.

고객이 원하는 캐릭터를 그려주고 코팅까지 해주는 캐릭터 꾸미기 사업. 집에서 가져온 헤어롤로 쉬는 시간마다 고객의 머리를 돌돌 말아 꾸며 주는 미용 사업. 나무젓가락,

신문지, 테이프를 활용해 장난감을 만들어주는 장난감 제작 사업. 복권 사업. 은행 사업. 사탕 사업.

이 모든 사업자들이 일을 그만두기 시작했다.

"안 할래요. 일주일 동안 고생해서 벌어봤자 공무원 주급이 5배 더 많아요. 그냥 공무원할래요."

아차 싶었던 나는 부랴부랴 사업 지원금을 마련했지만, 그 때문에 돈을 너무 많이 푸는 실수를 또 범하게 됐다. 사업 지원금을 받으니까 아이들이 사업장 이름만 내걸고 대충 일하는 부작용까지 생겨났다.

그 이후로는 교실에 무작정 돈을 뿌리는 일은 없었다. 교실 속 사업을 해칠 만큼 가파른 속도로 임금을 높이지 않았다. 대신 하루 1개씩 제출 가능한 부업, 주기적인 직업 교체, 보너스 등의 기회를 마련했다. 가끔은 그 기회로도 부족하기 때문에 올해 1학기 말 토론에서 '무주택자는 하루 부업 2개 제출 가능, 대출 한도 상향'과 같은 지원책을 마련했다.

그럼에도 몇 달 뒤 교실은 이렇게 주저앉아 버렸다. 격차는 더 심해졌고, 돈이 돌지 않으며, 아무도 사업을 하지 않는다.

그리 간단한 문제가 아니었다.

그러나 아직 낙담하긴 이르다. 이 문제를 풀어줄 강력한 장치가 아직 한 발 남아있다. 교실의 관제탑, 금리다. 그동안 폭등과 폭락을 만든 주범은 모두 금리였다. 경제를 뜨겁게 달구거나 차갑게 얼린 것도 금리였다. 교실 구석구석을 파고드는 금리는 아이들에게 가장 무서운 존재였다. 조금은 늦었지만 이제라도 금리를 낮추면 어쩔 수 없이 경제가 활성화된다. 다시 돈이 풀리면 뚝뚝 끊기던 거래도, 줄어든 매출도, 빈부격차도 나아질 터였다. 그렇다고 화폐 가치가 급격히 떨어져 물가가 치솟는 일은 벌어지지 않는다. 다시 갚아야 하는 돈들을 푸는 거니까.

"자, 오늘부터 예금 금리 0%, 대출 금리 0.1%로 낮추겠습니다."

얼마 지나지 않아, 믿기지 않는 일이 벌어졌다. 금리를 역사적인 수준까지 낮췄음에도 소비가 늘거나 거래가 활성화되지 않았다. 그나마 활성화된 게 자산 시장이었고, 이는 자산 가격 상승만 더욱 부추겨, 이미 있는 자와 아직 없는 자 사이의 거리는 더욱 멀어져버렸다. 결과적으로 금리를 낮춘 유일한 효과가 부익부빈익빈이 되어 버렸다. 금리가 더 이상 통하지 않았다.

1년 중 그 어느 때보다 반 전체의 열정은 시들어버려, 학생들이 제출하는 부업의 개수도 급감했다. 모두 합해서 하루에 10개 이상씩 들어오던 게 지금은 3개, 4개씩 들어온다. 하루에 2개씩 부업을 제출하며 뒤늦게라도 노력하는 학생이 한 명 남아 있지만, 내 집 마련의 꿈은 감히 꿀 수 없다. 3월과 4월, 그 결정적이고도 치열한 순간에 경제교실에 관심이 없었거나 제대로 참여하지 않아서이다.

분명 3월과 4월에 열심히 일한 이들과 11월과 12월에 열심히 일한 이들의 노력의 총량은 크게 다르지 않았다. 만약 현재 벌어진 격차가 노력의 결과만이라면, 왜 노력은 3월과 4월에 결정나버린 걸까? 왜 5월부터의 노력, 특히 11월부터 12월까지의 노력은 큰 변화를 주지 못할까? 대체 어디까지가 노력이고 어디까지가 운이었을까?

일본의 '잃어버린 30년' 시기에 태어난 세대와 그 이전 세대 간의 허무한 격차처럼, 이 작은 사회에서의 성공도 가까이서 보면 노력이지만 멀리서 보면 결국 운인 걸까?

운이든 노력이든, 이 작은 사회에서의 격차는 매년 생겨왔고, 앞으로도 생길 수밖에 없다. 예전에 한 학생이 그런 질문을 한 적이 있다. 남들이 뜨거울 때 차가울 줄 알고, 남들이 차가울 때 뜨거울 줄 아는 사람이 소수가 아니라 다수면 어떻게 되냐고. 그땐 모두 부자가 되냐고.

답은 간단하다. 모두가 본능을 거스르는 세상은 매우 드물지만, 만약 실현된다면 그 안에서도 남들보다 한 발 더 빠른 이들, 남들보다 정보와 심리의 우위를 가진 소수가 부를 차지한다. 안타깝지만 사실이다. 내가 논리적인 투자 원칙을 지킨 덕에 1만 치킨을 벌었다고 해도, 남들이 5만 치킨, 10만 치킨을 벌었다면 나는 지금 이 작은 사회에서 부를 빼앗기고 있다.

원래 교실에서는 1만 치킨만 있어도 할 수 있는 게 많았다. 하지만 어느새 10만 치킨을 들고 오지 않으면 안 된다고 밀어낸다. 겨우 10만 치킨을 모아왔더니 요새는 그 돈으론 어림도 없다며 다시 돌려보낸다. 이 속도를 쫓아가지 못한 누군가는 매일 가장자리로 조금씩 밀려난다. 오르지 않는 월급에 비해 높아진 월세, 치솟는 물가로 점점 좁아지는 선택권을 그저 지켜만 봐야 한다. 뒤늦게라도 일을 2개, 3개 뛰어보지만 관성을 거스르기엔 역부족이다. 어쩌다 보니 가진 물건을 팔아서라도 월세를 내야 했고, 결국 오늘 두 명이 나를 찾아왔다.

경제교실을 포기한다고.

## 가장자리로 조용히 밀려난 사람들

포기하려는 친구들은 지원금을
줘서라도 도와주면 안 돼요?

그건 안 돼. 아직도 일할 기회는 얼마든지 주고 있어. 직업을 2개, 3개씩 할 기회도. 부업을 2개씩 제출할 기회도. 이번엔 주급까지 올려줬어.

그래도 차이가 너무 많이 나니까 일할 힘이 안 날 수 있잖아요. 그리고 최근 한 달 동안 일을 2개씩 하고 부업을 2개씩 했어도 재산이 늘어나질 않아서 하는 말이에요.

단순히 차이가 난다고, 힘들고 고통스럽다고 지원금을 줄 순 없어. 그럴 때 받는 지원금은 오히려 독이 될 수도 있어. 돈이 없다는 이유로 돈을 받으니까 게을러질 수 있잖아.

경제교실을 포기하도록 내버려두는 것보다는 훨씬 더 도움될 것 같아서예요.

그래도 문제는 여전해. 그동안 저 친구들이
과소비했던 것들. 제출하지 않았던 부업들.
규칙을 어겨서 냈던 벌금들. 고객들의 신뢰를
잃어서 접었던 사업들. 욕심냈던 대출들.
만약 그 실수들을 이렇게 지원금으로 감싸준다면
잘못을 뉘우치지 못할 수 있어.

조건을 제시하면 되죠.
결국 저희에게 필요한 건 과거에 대한
처벌이 아니라 과거에 대한 반성과
변화잖아요.
그걸 조건으로 지원금을 주는 거예요.
예를 들어, 지원금을 받고 나서 저축한 뒤에,
절약하고 열심히 일해가지고 지원금을
더 크게 불리면, 거기다가 지원금을
더 얹어 주는 방식으로요.

그 방식이면 좀 더 낫긴 하지만, 결국 돈을 너무 많이
풀게 되잖아. 그러면 그 나름대로 부작용이 생겨.

세율을 높여서 돈을 마련하면 되죠.
저도 지금은 세율 인상에 동의해요. 이번에 다른
친구들이랑도 얘기했더니 다들 동의했어요.

저번 1학기 토론 때 세율을 인상하지 않기로 했잖아.

지금은 그때하고 다르죠.
1학기 때는 모두의 노력을 위해서 세율 인상이 꼭 필요하진 않았어요. 그런데 요즘은 모두의 노력을 무의미하게 만들 만큼 벌어졌어요.
주식이나 부동산을 새롭게 사는 친구들도 없고, 원래 부동산을 2, 3개 들고 있거나 회사 지분을 절반씩 들고 있는 애들끼리만 서로 사주면서 놀고 있을 정도잖아요. 이제는 모두의 노력을 이끌기 위해서 세율 인상이 필요할 수도 있어요.

그런데 저번 토론에서 얘기했듯이, 물려받은 재산도 아니고 노력해서 쌓아온 재산인데 세율을 올리면 그것 나름대로 공평하지 않잖아.

그래서 세율을 올리되 얼마나 올릴지 얘기해 봐야죠. 그러면 지원금도 얼마를 줄지까지 같이 이야기할 수 있고요.
적당한 지점만 찾는다면 공평하면서도 모두의 노력을 이끌 수 있고,
친구들이 경제교실을 포기하고 싶을 만큼 극단적으로 몰리진 않을 거라고 생각해요.

경제교실을 포기하는 일은 벌어지지 않도록, 세율 3%와 지원금 지급이 결정되었다. 하지만 이미 12월이 거의 다 지나갔다. 토론에서조차 가장자리로 밀려난 이들을 구하기엔 너무 늦어버렸다.

이쯤 되면 "1학기 말에 끊지 않고, 2학기까지 경제교실을 이어가면 어떤 일이 벌어질까?"라는 질문에 어느 정도 답할 수 있다. 먼저, 3월에 200치킨으로 시작한 집값이 [사진 13]처럼 변해 있다. 집값의 1%인 월세는 살인적인 수준이다. 그에 반해 월급은 좀처럼 오르지 않았다. 즉, 누군가의 월급은 버는 족족 월세로 그대로 나간다. 넉넉해진 지원금 덕분에 가진 물건을 팔아가면서 월세 내는 일은 없고, 가끔씩 사탕 한 개 정도는 사먹을 수 있다. 하지만 이들이 집을 마련하고 말고의 문제는 교실에서 더 이상 다뤄지지 않는다.

반면, 1학기 때 열심히 벌고 절약하며, 올바른 투자 판단을 하고 타인과의 신뢰를 꾸준히 유지했던 소수의 사람들은 세상의 지분을 80% 가까이 차지했다. 그들은 일을 하지 않아도 월세와 배당으로 월급보다 더 많은 부를 끌어당겼으며, 그 부는 복리로 쌓여서 또 다른 투자 자금이 만들어진다. 그로 인해 또 다른 월세 혹은 배당이라는 현금 흐름이 더해지고, 이는 소수의 사람들이 세상의 지분을 야금야금 늘려가게 해준다.

**2학기 마지막 부동산 거래표**

2학기가 마무리될 갈 무렵에는
10자리 중 8자리를
3명이 나눠 가지고 있다.

맨 처음 3월로 돌아가 보면, 그땐 재산이 차이나 봤자 2배, 3배였고 일주일만 바짝 열심히 일하면 집을 살 수 있었다. 모두가 빠르게 성장하고 있었고, 물가가 그만큼 가파르게 오른다 해도, 내 재산의 절대적인 숫자는 100, 1000, 10000으로 커나갔다. 흥미진진했다. 반면, 지금은 재산이 많게는 100배 이상 차이 난다. 내 재산을 불려나가기도 만만치 않다. 일하는 시간을 2배, 3배 늘려서 어찌어찌 겨우 재산을 불렸다 하더라도, 집값은 이미 한 학기를 통째로 일해도 사지 못할 가격에 닿아 있다. 그래서인지 요즘 우리 반은 예전만큼 행복하지가 않다. 도대체 집을 소유했다는 권리라는 게 뭐라고, 소유하지 못한 이들로 하여금 자꾸만 불행을 곱씹게 만들까?

워렌 버핏의 투자 파트너, 찰리 멍거가 한 강연에서 이 통계를 근거로 들었다.

"100년 전과 비교했을 때 현대인들의 객관적인 생활 수준은 거의 5배나 상승했습니다. 생각해보세요. 현대인 중 가난한 계층의 주된 질병은 비만입니다. 얼마나 먹을 게 풍족해졌는지 생각해보세요. 100년 전만 해도 3명의 자식을 키우려면 6명을 낳아야 했습니다. 나머지 3명은 영유아 때 죽었으니까요. 의료 기술과 생활 속 편리함들이 얼마나 개선됐는지를 생각해보세요. 그러나 이처럼 100년 전보다 삶의 수준이 향상되고, 자유도 얻고, 인종 간 불평등도 감소했지만 현대인들은 전보다 불행합니다. 그리고 이를 통해 알 수 있는 게 있습니다."

**세상은 욕망에 의해 움직이는 것이 아니라**

**질투에 의해 움직인다는 것입니다.**

- '찰리 멍거'의 말 중에서

100년 전과는 달리 분명 굶을 일도 줄어들었고, 교통이나 통신도 훨씬 편리해졌으며, 신체적 위협은 줄어들었지만 사람들은 전보다 불행해한다. 왜냐하면 빈부격차는 인류 역사상 가장 높은 수준으로 커지고, 이러한 사실들이 SNS로 더욱 공공연히 드러나기 때문이다.

우리 반도 똑같다. 핵심은 집을 가졌냐 안 가졌냐가 아니었다. 만약 그게 핵심이었다면 애초에 부동산이 없었던 3월 초, 직업 활동으로 주급을 받고 시장에서 원하는 물건을 사는 것이 전부였던 3월 초 교실은 불행했어야 했다. 웃음이 넘치지 않았어야 했다. 평화롭지 않았어야 했다.

한마디로, 진짜 이유는 다른 곳에 있었던 것이다. 결국 아이들을 불행하게 만든 물음은, 내가 집을 가졌냐 안 가졌냐가 아닌, 남들이 집을 두 개, 세 개씩 들고 있을 때 나는 집을 하나라도 가졌냐 가지지 않았냐였다. 남들이 떼돈을 벌고 있을 때 나는 그만큼 벌었냐 벌지 못했냐였다. 그래서 시간이 지나고, 차이가 쌓일수록 웃음기가 사라진 것이었다. 남과 비교했을 때 이미 너무 큰 차이가 벌어졌고 그 자체로도 고통을 느끼는데, 아무리 노력해도 이 격차를 좁힐 수 없다는 인식은 그나마 남아있던 희망마저 빼앗기 때문이었다.

결국 반에서 몇 명은 이를 견디지 못하고 그냥 포기해버리고 만다. 제칠 수 없으니 달리지도 않는 것이다. 그래서 나는 경제교실을 끝맺을 때 이런 말로 마친다.

"돈으로 돈을 버는 세상에서는 빈부격차가 점점 커지는 건 맞아. 그 격차를 좁히기 힘든 것도 사실이지. 그렇다고 불가능할까?

1학기 버블이 생겼을 때 무리하게 빚을 내서 큰 손해를 봤던 친구가 있었지? 너희들도 기억하겠지만 그 친구 재산이 5만에서 1만으로 줄어들어가지고 부업을 2개 제출할 수 있는 대상에 들었잖아. 이미 벌어진 격차를 되돌리지 못할 거라고 다들 예상했었어. 그런데 그때 그 친구가 더 이상 집을 살 기회가 없다고 포기했어? 남하고 재산을 비교하면서 절망했어? 질투심 때문에 남을 끌어내리려고 했어?

아니지? 부업을 2개씩 제출할 수 있으니까 꼬박꼬박 내고, 규칙도 준수하고, 일도 열심히 했지? 다른 친구들을 질투하기는커녕 오히려 응원하고 도와줬어. 그리고 절약하면서 쌓아 놓은 재산에다가 늘어난 대출 한도를 활용해가지고 결국 집 한 채를 마련했잖아. 그렇다고 2학기에 투기 열풍이 불었을 때 남들 따라 무리하게 대출 쓰지도 않고, 가치를 따져가면서 투자했어. 그렇게 지금 당장 나한테 뭐가 최선인지에 좀 더 신경 썼잖아. 남하고 비교하면서 질투하는 데 에너지를 쓰지 않고 나 자신한테. 내가 하루하루 성장하는 데에. 그리고 최근에 그 친구가 매주 재산세를 걷어야 하는 대상이 됐어. 그 재산세를 내고도 재산이 스스로 불어날 만큼 커진 거야.

그런데 애초에 그 친구는 격차를 좁히려는 목적으로 열심히 했던 게 아니었어. 자기가 해야 할 일을 하다 보니 돈도 따라온 거야. 반대로, 격차를 좁히려는 게 목적인 친구들은 어땠어? 질투심 때문에 불행해하거나, 질투심 때문에 무리한 실수들을 저지르고, 꾸준한 노력을 해보기도 전에 불가능을 핑계로 포기해버렸잖아.

그러니까 가장 중요한 건 '제칠 수 있든 없든 앞으로 어떤 태도로 살아가냐.'야. 이건 돈뿐만이 아니야. 어느 분야에서든 남하고 격차를 좁힐 수 없다고 포기하거나, 남하고 비교하면서 질투만 하고 있으면, 성장하기도 행복하기도 힘들어. 제일 중요한 건 내가 해야 할 일에 집중하고 꾸준히 실천하는 거야.

올 한 해 경제교실에서 성공을 겪었든 실패를 겼었든, 모두 너희한테 귀중한 경험이 됐을 거야. 그리고 이제 경제교실이 아니라 진짜 세상에 나가서 새로 시작할 때야.

이때 명심해야 할 게 있어. 교실의 모습이 역사와 닮아있고, 역사는 매번 반복됐으니까 '교실에서 배운 걸 그대로 실천하면 되겠지?'라는 생각이 들겠지만, 똑같은 강물에 두 번 뛰어들 수는 없어. 지금까지 배운 걸로는 멀리 나아가지 못할 거야. 여기서 배웠던 것들은 그저 여기서 배운 것일 뿐이야. 오히려 이곳을 떠난 후에 배운 것들이 너희들을 더욱 발전시킬 거야. 그러니까 끊임없이 새로운 걸 배우고 또 배우려고 노력해 봐. 세상에 나가서 최대한 많이 도전하고 부딪혀 봐.

부동산이나 좋은 주식을 공부하라는 말일까? 아니야. 그것보다 좋은 투자 자산이 있어. 바로 너희 자신이야. 자기 자신한테 꾸준히 투자해 봐. 남하고 비교하지 말고 나의 길을 따라서 한 걸음 한 걸음 꾸준히 노력하고 또 노력해 봐. 그러면 분명 어느새 성장해 있을 거고, 어느새 행복도 따라올 거야.

부동산이나 주식이 폭등해서 투자가 재밌어지려 하면 갑자기 금리를 올리고, 빈부격차가 가면 갈수록 벌어질 때는 제대로 구해주지 않는 모습이 원망스러웠겠지만. 마치 너희들을 힘들고 괴롭게 하려는 것처럼 보였겠지만. 선생님은 너희들한테 이 교실을 떠나 더 큰 세상을 살아갈 힘을 전해주고 싶었어. 너희들이 선생님을 떠나서도 성장하고 행복하길 바라니까."

# 3부

# 교실에 역사를 설계하다

**“한 나라의 부를 결정짓는 건 그 나라의 시스템이다.”라는**

**애덤 스미스의 말처럼,**

**경제교실의 운명을 결정짓는 것도**

**그 교실의 시스템이다.**

3부에서는 이야기 뒤에 숨겨진

시스템에 대해서 다뤄볼 계획이다.

먼저 7장과 8장에서는

1부와 2부의 이야기가 담지 못한

실패와 실험들을 소개하려 한다.

그리고 9장에서는

경제교실 운영법을 안내하려 한다.

단, 에피소드나 Q&A가 아닌,

구체적인 운영 방법이 궁금하다면

9장으로 바로 넘어가도 좋다.

9장만 봐도 될 만큼

핵심적인 것들로 정리해놓았다.

# 실험과 실패 # 4년 후 # 설계의 완성

# 2부 # 에피소드 # Q&A # 경제교실 운영법

# 7장
# 교사가 심심해질 정도로 효율적인 시스템

이미 전국에는 최소 1,000개가 넘는 경제교실이 존재한다. 그런데 그곳에 땅을 거래할 부동산표를 놓는다고 버블과 폭락이 자연스럽게 만들어질까? 단언컨대 그 가능성은 거의 0이다. 투자 역사를 구현하기에는 비효율적인 시스템 때문이다.

너무 비효율적인 나머지, 계좌이체에만 1분 이상이 걸린다. 이체 한 번 하려고 줄을 서서 기다리다 보면 쉬는 시간은 끝나 있다. 계좌이체 과정에 오류라도 생기면 올스톱이다. 그 오류를 교사가 직접 점검해야 할 때가 많고, 느닷없이 통장을 분실했거나 통장을 끝까지 다 쓴 학생이 있으면, 재발급해주느라 더욱 바빠진다. 이 와중에, 전국 경제교실에서 많은 인기를 끌고 있는 신용점수 제도를 도입하면, 그 신용점수를 끊임없이 평가하고 재조정하는 절차가 더해지며, 그 절차가 잘 진행되는지 점검하느라 교사는 한 번 더 바빠진다. 필수적이지 않은 직업도 마찬가지다. 선생님인 나도 수업 준비나 휴식이 필요한데, 신문 기자가 글 쓰는 걸 도와주느라 내 여유는 날아가버린다. 공인중개사를 끼고 등기부등본, 매매계약서, 취득세, 양도소득세를 처리하다 보니, 매도자와 매수자의 하루 또한 이미 지나 있다.

물론 위 시스템도 나름의 의미가 있다. 현실을 반영한다는 장점이 있고 모든 아이들에게 역할이 하나씩 주어진다는 의미가 있다. 하지만 여기는 학교다. 시간은 제한된다. 교사의 에너지도 예외는 아니다. 어디에 집중할지 선택해야 한다. 현실 속 서류와 절차를 모방할지. 역사를 연출할지.

1부와 2부의 이야기가 물 흐르듯 흘러간 건 우연이 아니다. 욕망과 두려움이 녹아드는 투자 시장을 연출하기 위해 내가 먼저 공을 들인 건, 교사가 심심해질 만큼 효율적인 시스템의 구축이었다. 가장 효율적인 거래 방식, 가장 효율적인 규칙과 벌금 제도, 가장 효율적인 직업 체계 말이다. 7장에서는 그 세 가지를 다루려 한다.

SYSTEM 01
# 거래

## Ep 1. 사라진 한 장

먼저, 가장 효율적인 거래 방식은 무엇일까? 처음 경제 교실을 시작할 때 나는 '화폐'가 핵심이라 생각했다. 현금을 주고받는 것만큼 효율적인 건 없다고 판단했다. 착각이었다. 화폐는 아예 없어도 된다. 결국 가장 실수가 적고, 효율적인 건 '은행 장부'를 통한 계좌이체 방식이었다.(9장에서 자세히 다루겠다.) 그래도 여전히 아이들은 화폐를 좋아한다. 직관적인 느낌이 꽤 중요한 나이여서 수학을 배울 때도 실물 모형을 만져가면서 익히는데, 돈을 만지는 재미가 없으면 섭섭해하기까지 한다. 그래서 화폐를 만든 걸 후회한 적은 없었다. 그 사건이 있기 전까진.

한 학생의 필통에 있던 1,000치킨짜리 화폐가 사라졌다. 1시간 가까이 찾았지만 보이지 않았다. 가방에도, 서랍에도, 사물함과 벽 틈 사이에도. 1,000치킨짜리 화폐가 있어야 할 정도로 물가가 올라서 새로 발행한 화폐였는데, 그만큼 탐이 났던 건지 잘 모르겠다. 어찌 됐든 사라진 건 확실했다. 발행할 때 세어 둔 화폐 개수가 100장이었는데 99장으로 줄어들었기 때문이다. 이 문제를 들은 어떤 선배 교사의 조언은 내 고민을 더욱 깊어지게만 했다. 빈부격차가 심해지고 기회를 박탈당하면 절도가 빈번해질 수 있다는 갈등론적 관점을 덧붙인 탓이다.

그렇다면 통장을 써야 할까? 반 전체가 개별 통장을 가지고 입금과 출금을 다 기록하게 할까?

아니다. 그 광경을 머릿속에 그려보니, 아찔할 만큼 비효율적이었다. 그래서 통장 말고 어플을 대안으로 고려해봤다. 그런데 몇 번 만져보니 어플로는 경제교실의 대부분을 대체할 수 없었다. 또한 어플에서도 오류가 날 수 있고, 어플이 안 켜지기라도 하면 경제활동이 강제로 중단된다.

그때, 아이디어가 하나 떠올랐다. 절도가 발생했을 때 훔친 돈을 아예 쓸 수 없게 만드는 장치 말이다. 바로 재산조사원이라는 직업이다. 이 직업은 모든 학생의 예금+현금+자산을 매주 2번 조사한다. 화폐를 훔치거나 은행 장부를 조작하면, 이때 급격한 재산 증가가 적발된다. 만약 그 재산 증가분을 소명하지 못할 시, 교사의 판단에 따라 적정 수준으로 재조정한다.

이러다 보니 훔친 돈으로는 저금도, 투자도 못 한다. 유일하게 쓸 수 있는 방법은 물건을 거래할 때만 몰래 화폐를 꺼내는 것이다. 그때 몰래 써버리면 재산이 늘지 않아 발각되지 않고, 훔친 돈으로 소비해서 도둑질한 보람이 생긴다.

그런데 이 또한 대비해놓았다. 우리 교실은 한 달마다 열리는 시장에만 외부 물건을 가져올 수 있다. 그 날짜에 열린 시장조차 경매표와 계좌이체 방식으로 진행되기 때문에 현금을 쓸 일이 없다.

은행 장부와 재산조사, 계좌이체의 삼위일체로 굴러가기 시작한 이후, 우리 반 금고는 항상 열려 있다. 절도나 도난, 분실, 화폐 복사 등을 걱정해본 적이 없다. 편한 점은 이것만이 아니다. 재산조사를 통해 오류 또한 잡아낸다. 원래 어떤 시스템이든 한 달에 한 번은 오류가 생길 수밖에 없다. 은행원이 주급을 넣는 과정이나 벌금을 빼주는 과정, 혹은 개개인 간의 계좌이체에서 생기는 계산 실수들이다. 이를 재산조사를 통해 쉽게 발견하고, 재조정한다. 도난도 방지하고 실수도 방지하는, 분실 사건이 만들어낸 효율적인 시스템이었다.

거래 Q&A

**Q 화폐는 어떻게 만들었나?**

A 미술 시간에 화폐 디자인 공모전을 열었다. 우리 반에서 선정된 디자인 콘셉트는 치킨이었고, 1치킨, 10치킨, 100치킨짜리 화폐 디자인을 수합한 뒤 대량 복사해서 잘랐다. 코팅도 했다. 그래야 찢어질 일도 없고, 오래간다. 여름이 돼서 습기가 찼을 때 혹은 땀이 묻었을 때 눅눅해질 일도 없다. 또 다른 제작 방법에는 업체에 맡기는 것이 있다. 그리고 나는 1, 10, 100치킨 말고도 1,000, 10,000, 50,000 단위의 화폐가 필요해질 정도로 인플레이션이 일어나자 '아이스크림몰' 사이트에서 화폐를 주문하기도 했다. 그래서 [사진 14] 같이 화폐 간의 미적 통일성은 없지만 전혀 불편함이 없이 쓰고 있다.

**Q 1, 10, 100, 1,000처럼 10배 단위 말고 500이나 500 혹은 300과 같은 단위로 화폐를 만들면 어떨까?**

A 확실히 10배 단위가 훨씬 세기도 쉽고 입금, 출금 과정도 그만큼 빠르다. 그럼에도 두뇌회전을 위해서 300치킨과 500치킨을 추가로 제작해놓은 적이 있다. 1년 동안 300치킨엔 코팅이 벗겨진 적이 없었다.

사진 **14**

**경제교실 화폐**

미술 시간에 화폐 디자인 공모전을 열어 선정된 디자인으로 대량 복사하여 사용하거나 디자인 시안을 업체에 맡겨 대량 제작한다.

**Q** **학생 간 거래에 제한을 두나?**

**A** 교실 밖에서 가져온 간식이나 장난감 거래는 제한한다. 안 그러면 교실이 시장 바닥이 된다. 다만 밖에서 가져온 값싼 재료들을 가지고 무언가를 만들어서 파는 정도는 가능하다. 젓가락으로 손수 만든 장난감이나 그림 캐릭터 거래 등 말이다.

이렇게 외부 물건 반입을 제한하는 이유는 교실 밖에서 가져온 물건들로 부를 차지하는 게 교육적이지 않아서다. 게다가 한 학생이 한 학기 동안 10만 원어치의 물건을 가져와 재산을 모았다면, 나중에 교사가 그 재산에 대해서 10만 원어치 보상을 주면 좋을 텐데, 학교 예산이나 교사의 사비를 끌어 모아도 한 명한테 그 정도 돌려주기는 힘들다. 나머지 학생들도 재산을 꽤 모으기 때문이다.

SYSTEM 02

# 규칙

## Ep 2. 감정 소모

대부분의 교사는 공감하겠지만, 교실 속 안전 규칙은 아무리 지도해도 좀처럼 지켜지지 않는다. 그런 규칙 위반에 시도 때도 없이 주의를 주거나 때론 언성을 높여 혼내느라, 교사는 이미 감정적으로 소모된다. 회유를 하고 설득을 해봐도 개선이 없을 때는 경제교실을 운영할 힘도 남아나질 않는다. 그래서 나는, 안전 지도를 경제교실과 연관지어 진행했다. 바로 벌금 제도를 통해서였다. 에너지 소모를 줄이기 위한 목적이었기 때문에, 벌금 거는 절차도 매우 간단하다. 내가 "은행원~ 계좌에서 전준형 50치킨 벌금 빼줘~"라고 하면 끝이다. 벌금 규칙도 딱 3개로 최소화했다.

**규칙 들여다보기**

❶ **뛰지 않고 걷기**(계단 포함)

❷ **누군가를 밀거나 때리지 않기**

❸ **높은 곳에 올라가거나 매달리지 않기**

단 3개의 규칙에 집중했더니 예상과 다르게 놀라운 변화가 생긴다. 벌금을 걷기 시작한 몇 주 만에 뛰는 학생이 거의 없어졌다. 뛰는 것뿐만 아니다. 서로 때리기는커녕 장난삼아 툭 미는 일도 줄어든다. 높은 곳은커녕 의자 위에 올라서는 것도 조심스러워한다. 그렇다고 선생님이 고생하거나 아이들이 이 문제로 스트레스를 받을까? 아니다. 오히려 반대다.

현실 속에서 경찰은 과속을 한 시민에게 혼을 내면서 과태료를 부과하지 않는다. 그 둘 사이에 분노와 미움은 없다. 그저 벌금을 건을 뿐이다. 교사의 감정을 끌어올려서 소리 지르거나 호되게 혼내는 일이 없다. 내가 투자 체험 설계에 더 많은 에너지를 쏟을 수 있었던 건, 이렇게 효율화되고 덜 소모적인 안전 지도 덕분이었다.

**Q 폭력이 발생했는데, 가해 학생이 벌금 내는 걸로 대신하려 한다면 어떻게 대처하나?**

A 갈등 해결이나 학교 폭력 사안은 벌금과는 별개로 접근하여 해결한다.

**Q 벌금 외에 벌점 부여도 괜찮을까?**

A 그러면 절차가 하나씩 더 생겨 번거로워진다. 그럴 만한 가치가 있는지 되물어야 한다. 그리고 벌점을 부과해서 낙인 효과라도 생기면 기회의 평등 측면에서는 교육적이지 못하다.

**Q 규칙은 설정하되 벌금은 안 걸어도 될까?**

A 안 걸어도 괜찮다. 벌금은 필수적인 요소가 아니다.

**Q 실제 법처럼 방대하게 제정하는가?**

A 우리 교실 법은 A4 1페이지밖에 안 되는 분량이다. 투자나 사업을 도입하더라도 2페이지다. 만약 법전을 교실 뒤편에 게시해놓는다면 대부분 읽다가 말겠지만, A4 한두 페이지를 게시해놓으면 지나가다 보고 지나가다 본다.

## Ep 3.
## 공산주의와 자본주의

매달 초가 되면, 우리 반에는 자칫 수능을 방불케 하는 분위기가 펼쳐진다. “선생님, 저 너무 긴장돼서 심장까지 간지러워요!”, “저 실수하면 어떡하죠?”, “빨리 시험지 주세요!”

잠시 후, “시작!”과 동시에 책상 위에 놓인 시험지를 뒤집으면 [사진 15]와  같은 문제들이 보인다.

1점 차이로 등락이 결정되는 이 시험에서 끝내 높은 성적을 거두어 은행원이나 재산조사원이라는 선망받는 자리에 올랐다. 그런데 그 기쁨은 며칠 가지 못했다. 화폐관리원이나 공무원하고 똑같은 주급을 받기 때문이었다. 공산주의나 자본주의라는 단어를 소개하지는 않지만 ‘똑같이 주급을 받는 체제’와 ‘다르게 받는 체제’를 각각 체험해보는 중이었다.

결국 모두의 움직임은 한쪽으로 쏠렸다. 가장 쉬운 직업을 찾는 일이다. 한 달마다 직업을 교체할 때, 가장 쉬운 직업을 뽑는 자리에서는 수많은 손들이 가위바위보를 외치고

사진 15

은행원 자격 시험

이름:

| | |
|---|---|
| 1335 + 80 = | 3176 + 70 = |
| 2185 + 100 = | 3217 + 50 = |
| 3432 - 150 = | 2342 - 200 = |
| 5439 - 180 = | 3527 + 300 = |
| 4832 - 500 = | 4563 - 700 = |
| 6303 - 280 = | 7342 + 250 = |
| 14411 - 150 = | 17731 - 115 = |
| 12348 + 30 = | 12720 + 550 = |
| 8323 - 3500 = | 9732 + 4500 = |
| 9032 - 3900 = | 8732 - 6400 = |
| 13567 - 7800 = | 32433 + 8400 = |
| 57223 - 12000 = | 81253 + 14000 = |
| 96923 - 15600 = | 99239 - 21000 = |

**계산 시험 예시**

1점 차이로 등락이 결정되는 이 시험에서 높은 성적을 거두어야 은행원이나 재산조사원이라는 선망받는 자리에 오를 수 있다.

있다.

그런데 만약 자본주의로 체제가 바뀐다면 이와는 전혀 다른 방식으로 직업이 결정된다.

예를 들어, 화폐관리원 주급이 20치킨인데 5명이 지원하면 15치킨으로 내린다. 3명으로 줄었다. 12치킨으로 내린다. 1명으로 줄었다. 그러면 화폐관리원 주급은 12치킨으로 결정된다. 만약 재산조사원 주급이 30치킨인데 하려는 지원자가 아무도 없다면 35치킨으로 높인다. 그래도 아무도 없으면 40치킨. 드디어 1명이 손을 든다.

이처럼 수요 공급 법칙으로 주급이 정해지는 세상과 주급이 똑같은 세상. 과연 아이들은 어떤 체제를 원할까? 각 체제를 한 달 동안 겪어보고 선택하게 했다. 어떤 체제든 아이들의 선택이면 쭉 진행해보고자 했다. 하지만 과반수도 아니고 만장일치로 자본주의 체제가 선택받았다. 이렇게 되면 그동안 공산주의 체제에서 충분한 보상을 받지 못한 이들에게 인센티브를 지급한 뒤 새롭게 출발한다.

갑자기 체제가 달라지면서 주급이 효율적으로 결정되고 다양한 직업들이 자발적으로 꽃피기 시작했다. 그중에는 유튜버도 있었다. 본인이 직접 영상을 만들고, 쉬는 시간에 영상을 틀어 모두에게 재미를 주는 직업이다. 음악을 틀어주는 DJ도 생겨났다. 쉬는 시간에 교사로부터 컴퓨터 사용

권한을 구매한 뒤, 돈을 받고 신청곡을 틀어주는 직업이다. 물론 자본주의로 바뀌면서 생긴 여러 도전들이 모두 성공적인 건 아니었다. 그중에는 공인중개사도 있었다. 이 직업으로 인해 부동산 거래 절차는 지루할 만큼 늘어졌다. 또 국무총리, 신문기자도 도입해봤지만 손이 너무 많이 갔다. 그래서 이러한 직업들을 없애고, 심화 시스템에 더 집중했다.

직업 Q&A

**Q** **왜 이렇게 높은 인플레이션을 일으키는가?**

**A** 높은 인플레이션이 생기는 이유는 주급이나 부수입으로 많은 양의 돈을 풀어서이다. 만약 적은 양의 돈을 푼다면 실제처럼 대략 연 5% 이내의 인플레이션을 일으킬 수 있다. 대신 주급을 소수점 단위로 지급해야 한다. 열심히 일해봤자 재산의 변화가 크지 않아서 의욕을 잃기 딱 좋다. 그렇기 때문에 모두의 꾸준한 노력을 이끌어내기 위해서, 나는 이전에 발행한 돈의 가치가 뚝뚝 떨어질 만큼 새로운 규모의 돈을 찍어낸다.

**Q** **어떤 부업들이 있나?**

**A** **| 바른 글씨 쓰기 |**

다른 부업들의 기초가 되는 부업이다. 보통 학기 초에 가장 많이 한다.

**| 시 또는 소설 쓰기 |**

수업 시간이 아닌, 자투리 시간에 써서 제출하는 시나 소설을 말한다. 이 중 몇 개를 골라 수업자료로 활용하면, 아이들의 흥미는 극도로 올라간다. 글쓰기 능력 향상과 부수입을 통한 경제교실 활성화는 덤이다.

사진 16

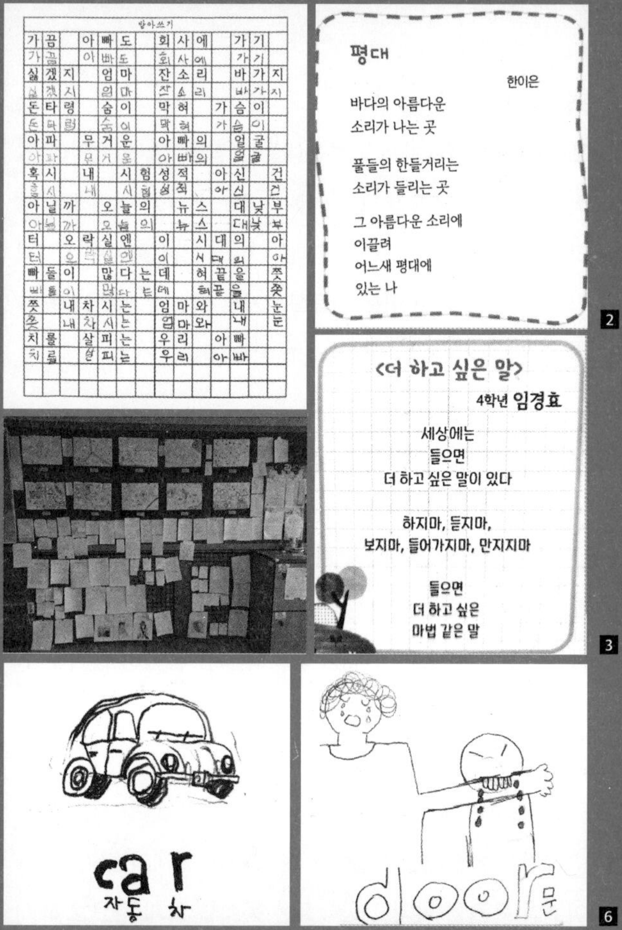


**다양한 부업의 예시**

1 바른 글씨 쓰기　　2·3 시 쓰기
4 다양한 부업을 전시한 교실 모습
5·6 영어 퀴즈 만들기

**| 영어 퀴즈 만들기 |**

포스트잇을 가져가서 윗부분에는 그림을, 밑에는 영어 단어를 적는다. 그러면 그 과정에서 교과서나 영단어책을 살피게 되고, 문제를 내는 과정에서 여러 단어를 자연스럽게 익히게 된다. 또한 이를 실물화상기로 비춰 문제를 내면 다른 친구들은 퀴즈를 맞히는 재미에 빠진다.

**| 온 책 읽기 퀴즈 제출 |**

독서와 관련해서는 내적 동기를 훼손할 수 있기에, 돈이라는 외적 보상은 조심스럽게 주는 편이다. 특히 양을 기준으로 돈을 지급하진 않는다. 책을 몇 권 읽었는가, 몇 장 읽었는가를 기준으로 정하면, 독서의 질은 급격히 떨어진다. 따라서 퀴즈나 지식 제출 정도로 제한한다.

**| 재밌는 지식 제출 |**

이야기책을 읽고선 제출하기 힘들다는 한계가 있지만, 아이들이 목적을 가지고 탐색하는 독서를 하게 하므로 때때로 가장 높은 집중력을 이끌어낸다.

# 8장 교사마저 흥미진진해지는 시스템

SYSTEM 04
**부동산**

## Ep 4. 4년 간의 고민

초기 부동산 시스템이 워낙 미숙했던 탓에, 나는 더 나은 방향을 찾기 위해서 친구와 끊임없이 논쟁하곤 했다. 달랑 규칙 하나를 가지고 3시간 가까이 토론한 적도 있었다. 이 규칙을 빼야 하나, 말아야 하나. 이 규칙이 대체 왜 필요한 거냐. 굳이 필요없다. 다른 규칙으로 대체 가능하다. 그럼 그 규칙이 뭐냐.

그렇게 4년을 거쳐 총 6가지 규칙이 남게 됐다.

**규칙 들여다보기**

❶ 한 달마다 자리 교체할 때 소유한 자리에 앉을지 말지 선택할 수 있다. 하지만 여러 땅을 가진 경우, 하나만 선택하고 나머지 자리에 누가 앉을지는 교사가 정한다.

❷ 가격을 2배 높이면 반드시 팔아야 한다. 2배 미만에서는 서로 합의하여 가격을 정한다.

❸ 거래할 때는, 사고 싶은 땅의 주인에게 찾아가 가격을 협의하여 정하고, 구매자는 부동산표에 적힌 집주인 이름과 가격을 고친 뒤, 거래 금액을 계좌이체로 송금한다.

❹ 세입자는 매주 정해진 날짜에 집주인에게 월세(집값의 1%)를 내야 한다.

❺ 실제 거래가 없으면 가격은 고칠 수 없다.

❻ 학기 말에 모든 부동산은 정부가 매수가에 산다.

각 규칙에는 저마다의 사연이 있다.

**① 한 달마다 자리 교체할 때 소유한 자리에 앉을지 말지 선택할 수 있다. 하지만 여러 땅을 가진 경우, 하나만 선택하고 나머지 자리에 누가 앉을지는 교사가 정한다.**

내 친구는 아무리 실제 사회를 반영하는 거라 해도 자리 선택권만큼은 주면 안 된다는 입장이었다. 그러면 친한 애들끼리 앉고, 나중에 모둠 활동할 때 방해가 될 만큼 팀원 조합이 엉망이 된다는 근거였다. 나도 일부 동의했다. 교사가 온전히 정하는 방식보다 좋을 수는 없다. 하지만 막상 이 규칙으로 운영해보면 의외로 괜찮게 모둠이 짜인다. 남자는 남자끼리 여자는 여자끼리 뭉칠 가능성에도 불구하고 매달 남자, 여자 골고루 찢어졌다. 바로 다주택자 덕분이었다. 다주택자가 단 한 자리의 선택권만 행사할 수 있어서다.

시간이 갈수록 빈부격차가 심해지면서 다주택자가 많아진 탓에, 나중에는 자리의 절반 이상을 교사가 정하는 지경에 이르렀다. 또한 서로 같이 앉으려는 친구들은 그런 비이성적인 투자 결정을 고집하느라 부동산 시장에서 상승폭을 제대로 활용하지 못하고, 결국에는 재산이 정체되어 집값에 밀려나게 된다. 그래서 수없이 많은 단짝들이 갈라졌으며, 결국 각자에게 더 맞는 투자 선택으로 전향했다.

**② 가격을 2배 높이면 반드시 팔아야 한다. 2배 미만에서는 서로 합의하여 가격을 정한다.**

내 친구는 2배 이상 높이면 팔아야 하는, 현실과 동떨어진 규칙이 왜 필요하냐고 지적했다. 내가 어떨 땐 현실을 반영해야 한다면서도 어떨 땐 비현실적인 규칙을 고집하는 모순을 보이니 말이다. 사실 3배, 4배, 혹은 10배가 오를 때까지 안 팔고 꾹 들고 있는 방식이 더 올바를 수 있다. 그럼에도 대체 왜 강제로 팔아야 하는 한도를 둔 걸까? 그 이유는 3가지였다.

첫 번째, 거래가 잠겨버린다. 이익 한도를 두면 거래는 어쩔 수 없이 일어나지만, 한도를 두지 않으면 '한번 산 땅은 안 팔려는 심리'가 작동한다. 그래서 많은 땅의 거래가 잠겨버리고, 나중에 어느 정도 살 사람들이 사고 나면, 아예 거래가 안 되는 지경까지 이른다.

두 번째, 친한 친구끼리만 거래할 위험이 있다. 교실은 이런 면에서도 실제와 다르다. 현실에서는 대부분 서로 일면식 없는 매도자와 매수자가 만나지만, 교실은 매번 아는 사람이다. 만약 한도를 두지 않는다면 친한 친구에겐 싸게 팔고, 싫어하는 친구에겐 비싸게 파려 한다. 하지만 이익 한도는 사람을 가리지 않는다.

세 번째, 기회를 주기 위해서다. 어떤 해에는 학기 초에 우연히 땅을 5개 갖게 된 학생이 있었는데, 땅의 잠재 가치를 모르고 싸게 팔아넘긴 친구들의 땅을 모은 덕분이었다. 그 우연한 계기로 반에서 재산 1등이 됐다. 물론 현실에서 벌어질 만한 일이다. 하지만 나는 2배 한도라는 규칙을 마련한다. 부동산으로 돈을 버는 모습을 목격한 다른 친구들이 뒤늦게라도 살 기회를 주기 때문이다.

**③ 거래할 때는, 사고 싶은 땅의 주인에게 찾아가 가격을 협의하여 정하고, 구매자는 부동산표에 적힌 집주인 이름과 가격을 고친 뒤, 거래 금액을 계좌이체로 송금한다.**

친구도 이건 효율적이라고 인정했다. 거래 절차는 구매자가 모두 담당하는 편이 훨씬 효율적이고 실수가 적었다. 부동산에 적힌 이름과 가격을 고치고 계좌이체까지 모두 책임지는 방식 말이다.

**④ 세입자는 매주 정해진 날짜에 집주인에게 월세**(집값의 1%)**를 내야 한다.**

이 규칙에 대해선 아이들이 반대했다. 집주인이 직접 월세를 정해야 한다고 말이다. 그래서 이를 주제로 토론한 적도 있었다. 요약하자면 다음과 같다.

**월세 자율화 찬성**

경제교실은 실제를 반영해야 더 의미가 있는데 월세를 제한

해버리면 실제와 다릅니다.

**월세 자율화 반대 ①**

월세 제한을 풀어버리면 어떤 일이 벌어지겠습니까? 전 재산을 털어서라도 집을 사려 하고, 집값은 말도 안 되는 가격까지 올라갑니다. 그러면 미리 부동산을 선점한 이들의 세상이 됩니다.

나도 반대의 주장에 동의해서 그쯤 토론을 마치려 했는데 한 학생이 덧붙인 주장이 나의 입장을 강화했다.

**월세 자율화 반대 ②**

현실을 반영하려면 월세를 자율화하는 게 맞습니다. 하지만 이곳은 현실과 다르게 집을 지을 수 없습니다. 월세 자율화를 통해 임대료가 올라가면 집값이 오르고, 집값이 오르면 건설사들이 집을 지을 만한 이유가 생깁니다. 그렇게 집이 늘어나면 세입자들이 임대료가 저렴한 곳으로 이사를 갈 수 있기에 기존 집주인은 마음대로 월세를 못 올립니다. 하지만 교실에서는 새로운 책상을 들여오는 게 어렵습니다. 집을 늘릴 수 없습니다. 이렇듯 교실은 현실과 다르기 때문에, 무작정 현실과 같게 만드는 노력은 비현실적입니다.

### ⑤ 실제 거래가 없으면 가격은 고칠 수 없다.

거래 없이 마음대로 가격을 높이는 것도, 가격을 낮추는 것도 문제가 되기 때문에 만든 규칙이었다. 땅 주인이 거래 없이 마음대로 가격을 무한정 올려버리면, 2배라는 이익 한도가 무의미해질 만큼 매수할 기회는 사라져버린다. 반대로 가격을 낮추는 것은 탈세 문제가 있다. 다들 재산 조사 전에 집값을 낮춰서 신고하여, 재산세 납부 대상에서 제외되려고 하기 때문이다.

### ⑥ 학기 말에 모든 부동산은 정부가 매수가에 산다.

결국 학기 말에 부동산을 현금화해야 한다면 막바지에 대폭락이 연출된다. 현실과는 괴리가 있다. 그래서 정부가 그 땅을 매수 가격 그대로 산다고 미리 안내한다.

부동산 Q&A

**Q** **부동산 취득세, 양도소득세는 안 내나?**

**A** 지금처럼 거래 절차가 간단한데도 가끔씩 실수가 나오는데, 거래마다 세금을 매기면 실수가 더욱 빈번해진다. 어차피 투자 수익이 가장 큰 비중을 차지하는 우리 교실에서는 재산세에 취득세나 양도소득세도 포함된다.

가장 많은 재산을 가진 학생은 보통 부동산을 많이 취득하고 자주 양도한 학생이기 때문이다. 그래서 매주 금요일마다 한 번만 재산세를 걷는 걸로 대신한다.

**Q** **교실 속 집값이 싼지 비싼지 교사가 알아야 할까?**

**A** 싼지 비싼지를 교사가 판단할 수 있어야 현재 어느 정도의 버블에 도달했는지, 언제 금리를 내리거나 올려야 할지 가늠할 수 있어서 알아두면 좋다. 간단한 방식은 다음 장에서 소개하니, 이번 장에서는 좀 복잡한 방식을 소개하겠다.

현실과 달리, 교실 부동산은 수요와 공급은 고려할 필요가 없다. 학생 수와 책상 수는 고정되어 있다. 대신 딱 2가지만 보면 된다.

첫 번째는 예금액이다. 은행 계좌를 확인했을 때 현재 집값의 2배보다 많은 돈을 비축해놓은 고객의 수를 세어본다.

그 수가 교실 인원의 20% 이상 있으면, 예를 들어 10명 중 2명 이상이면 조만간 오른다. 교실 인원의 10% 이상이면 금리가 1~2% 정도로 낮을 때 쉽게 오른다. 10% 이상이면 싸다고 볼 수 있다.

두 번째로, PIR(집값/1주 동안의 평균 소득)을 판단한다. 대출 금리가 하루 2%라면 집값을 통째로 대출받았을 때, 등교하는 날만 포함해서 일주일 동안 이자로 집값의 10%(2% x 5일)를 내는 것이고, 월세를 매주 1% 받으니 대출 이자를 총 9% 내는 셈이다. 그때 PIR이 10이면 그 역수 1/10을 백분율로 계산한 10%가 집값과 비교한 아이들의 평균 소득이다. 만약 집을 매수할 때 모두 대출을 동원했더라도, PIR 10 이하이면 감당할 수 있다는 의미다. 특히 생활비는 나가지 않고, 매주 주급과 부업 금액은 오르는 이 작은 사회에선 더더욱 그렇다.

그런데 만약 하루 대출 금리가 4%라면, 일주일 동안 20%를 내야 하고, 월세를 빼면 19%를 내야 한다. 그때는 PIR이 5 이하여야 한다. 5의 역수인 1/5, 즉 집값의 20%가 소득이고 그 정도 소득이어야 이자를 감당할 수 있다. 그래서 높은 금리 수준이어도 견딜 수 있는 PIR은 대략 5 이하이고, 그쯤을 싸다고 본다. 하지만 교실 속 금리가 4%에 머무를 수 있는 기간은 오래가지 않는다. 그 금리엔 돈을 빌리려 들지 않기 때문에, 웬만하면 2% 이하에 형성된다. 그래서 PIR 5 이하는 싸지만 대략 PIR 10 이하까지도 매력적인 가격으로 본다.

아이들한테 이런 PIR과 금리의 계산을 가르치진 않았다. 간단하게 개념만 언급하고 금리가 어떤 영향을 주는지, 혹은 집값하고 소득하고는 어떤 관계인지 힌트만 준다. 하지만 아이들이 스스로 입지라는 건 알아간다. 선풍기 바람과 에어컨 바람을 직접 맞을 수 있는 곳, TV와 적당히 가까운 곳 등 여러 입지를 분석하고, 이를 근거로 강남이라 불리는 곳이 등장한다. 여기서도 두 부류로 나뉜다. 강남이 비싸지만 그만한 가치가 있다고 보면서 매수하는 이들과, 강남은 너무 비싸다면서 외곽지에 있는 자리만 사는 이들. 대개 후자는 상승세로부터 자주 소외되곤 했다.

SYSTEM 05 금리

# Ep 5. 빚 없는 나라

1부에서 알 수 있듯이, 나는 예금 이자, 대출 이자를 동시에 도입하지 않고 예금을 먼저, 대출은 나중에 적용한다. 왜냐면 학기 극 초반 부동산은 PIR이 2~3에 근접할 만큼 싼 상태여서, 이때 빌린 돈은 막대한 부를 선점하게 도와주기 때문이다. 대출이 마냥 좋다는 오개념을 심어주기 쉽다. 하지만 한 달쯤 지나서는 부동산이 정말 돈이 된다는 것을 깨달은 다수의 변화 덕분에, PIR이 어떤 학년이든 대략 6~7 이상은 된다. 그래서 대출을 받아도 모두가 벌지는 못하고 대출로 인한 득보다 실이 더 큰 참여자가 생긴다.

하지만 그 탓일까? 대출이 시작됐는데 아무도 빚을 내지 않은 적이 있었다. 왜냐고 물었더니, 금리가 갑자기 100%, 200%로 올라버리면 어떡하냐는 걱정을 보였다. 그래서 금리를 하루 최대 10%로 정했다. 실제로도 법정 최고 금리가 있는 것처럼 말이다. 그런데 이런 안전장치가 있음에도 안 빌렸던 해가 있었다. 2024년에 맡은 3학년이 딱 그랬다. 단 한 명도 오지 않았다. 물론 대출을 안 하고 1년 동안 투자를 하는 모습도 충분히 바람직하다.

그렇지만 대출 없이 예금 금리로만 폭락을 연출하기는 어렵다. 대출이 끼지 않으면 볼 수 없는 현상들과 심리, 본성들이 있다. 대출이 없는 평탄한 상승 속에서는 조급한 마음도, 군중심리도, 질투심도 크게 자극이 되지 않는다. 하지만 가파른 상승 속에서는 이 열차를 놓치면 앞으로 영원히 기회가 없을 것 같은 조바심, 모두 열광할 때 혼자서만 동떨어진 소외감, 남들은 일확천금을 누리고 나만 벼락거지가 된 상황에서의 질투심 등이 선명해진다. 그러면 버블이 생기고, 버블과 붕괴 속에서 우리는 우리를 돌아보게 된다. 따라서 나는 아무도 대출을 빌리지 않을 경우, 대출의 문턱을 다음과 같이 낮춘다.

1) 대출 한도 상향(무주택자는 집 구매 비용 80% 대출 가능)
2) 대출 금리 인하 및 동결

**Q** **사업자가 아닌 학생끼리 서로 돈을 빌려주거나 대출해주는 건 허용하나?**

**A** 돈은 '은행'한테 빌리라고 지도한다.

**Q** **대출에 신용점수도 적용하는 건 어떨까?**

**A** 점수 산정과 점수를 대출금에 반영하는 것들이 복잡한 절차를 만든다. 복잡해진 대출 과정은 버블 시기에 많은 실수를 야기해서, 투자가 아닌 오류로 돈을 버는 케이스를 만들 수 있다.

**Q** **버블 시기에 금리를 조절하는 팁이 있나?**

**A** 이는 다음 장에서 다루겠다.

**Q** **금리는 왜 심화 요소인가? 기본 시스템에는 금리를 도입하지 않나?**

**A** 투자를 도입하지 않는 이상, 나는 예금 이자를 거의 주지 않는다. 일단 투자 자산이 없으면 교실엔 대출이 필요 없어진다. 대출을 받아서 운영해야 하는 사업도 많지 않고, 아이들이 소비를 위해서 대출할 것도 아니니까 말이다. 그런

데 이런 대출을 막아버리면 은행 입장에선 예금 이자만 주게 되고, 그러면 예대마진을 보여줄 수가 없어 은행의 역할이 모호해진다. 게다가 예금 이자는 재산 차이를 무의미하게 벌려놓는다. 그저 저금한 금액이 달라서 생기는 빈부격차는 딱히 의미 없다. 그래서 나는 투자가 없는 한, 예금 이자를 도입하지 않는다. 단, 투자 자산이 있으면 반드시 도입한다. 대출 이자까지 말이다.

## Ep 6.
## 회사를 삼킨 거인들

"주식을 통째로 사버리면 안 되나?"라는 아이디어가 떠올랐다고 한다. 회사 주식을 모두 매수하면 그 회사의 자본과 이익은 모두 내 것이기 때문이다. 하지만 주식을 다 사려면 대출이 필요했고, 취득세나 법인세까지 감안하면 한 명이 감당하기에는 대출금이 너무 컸다. 그래서 두 번째 아이디어는 "대출 쓰지 않고 우리 셋이서 재산을 모아가지고 사면 어떨까?"였다. 가장 돈을 많이 모은 셋이었고, 리스크를 좋아하지 않는 셋이었다. 원래 나는 친구끼리 돈을 모아 투자하는 걸 허용하지 않았는데, 이때는 학년이 거의 끝나가는 시점이었고, 새로운 실험을 해보고 싶어서 처음으로 허용했다.

다음 날, 그들의 이니셜 중 한 글자씩 따서 '하리보' 법인이 탄생했고, 회사들을 인수합병하기 시작했다. 그들은 철저하게 시가총액(주가 × 총 주식 수) 관점에서 접근했다. 이 주식을 다 사려면 얼마가 들까? 회사 자본은 얼마나 쌓였나? 현재 시가총액만큼 있나? 이익은 얼마나 나고 있고, 앞으로 많아지는가? 아니면 기복이 있을까? 그리고 만약 회사를 인수하려다가 실패해서 지분의 일부만 갖게 된다면, 배당으

사진 17

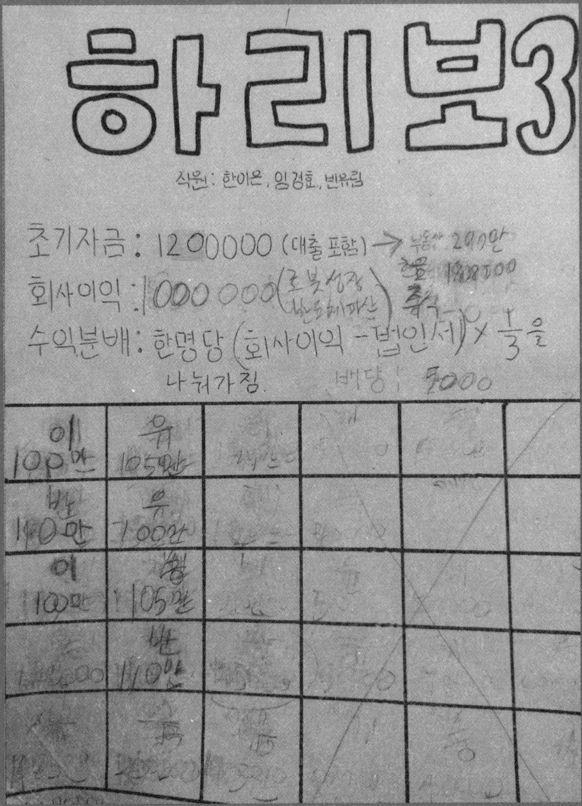


**하리보 회사 주주명부**

하리보는 주식까지 발행해 반 친구들로부터 추가 자금을 조달한 뒤, 괜찮은 회사 하나를 더 인수하고 공룡 기업이 되었다.

로 투자금을 회수해야 하는데 배당을 잘 주는 기업인가?

결국 어느 날, 하리보가 재무가 가장 좋은 회사 하나를 합리적인 가격으로 집어삼켰다. 그것만으로 만족하지 못한 하리보는 주식까지 발행해 반 친구들로부터 추가 자금을 조달한 뒤, 괜찮은 회사 하나를 더 인수하고 공룡 기업이 되었다. 하리보 임원들은 고소득 직종인 은행원이나 재산조사원을 그만둘 정도로 매주 큰돈을 벌어들였다.

한 가지 신기했던 점은 원래 그 셋은 "왜 회사들이 배당을 고작 이것밖에 안 주냐!" 하며 반발하던 주주였는데, 막상 회사를 경영하는 입장이 되니, 배당수익률을 교실에서 본 적 없는 숫자인 0.5%를 줬다는 사실이다. 회사가 현재 이익이 잘 나고 있는 건 맞으나, 언제 어떤 일이 생길지 모르니 자금을 비축해야 된다는 논리로 주주들을 매주 달래고 있었다. 심지어 하리보 회사에 쌓여가는 현금으로 부동산에 투자해서 짭짤한 수익을 거두었음에도 배당금에서는 전혀 티를 내지 않았다. 하리보 임직원 중 브레인을 맡고 있던 한 명은 이렇게 속내를 털어놓았다.

"어차피 배당 많이 주면 주가가 올라버리고, 주가가 오르면 회사 주식을 들고 있는 우리 재산도 늘어나서, 재산세만 더 내게 되잖아요. 그냥 가만히 놔두는 게 낫죠!"

결국 더 이상 참지 못한 주주들이 은밀한 작전을 계획했다. 주식을 다 사버려서 지분의 절반 이상을 차지한 다음, 주주총회 때 폭탄 배당 안건을 상정하겠다는 작전이었다. 뒤늦게 자신들의 지분이 40%밖에 안 된다는 것을 인지한 하리보 경영진은 회사 소유의 부동산을 다 처분해서라도 자사주를 사들이기 시작했다. 주가는 순식간에 2배, 3배가 우습게 뛰어, 결국 오랜 기다림 끝에 많은 주주들이 큰 이익을 보고 떠났고, 하리보 회사의 자금은 자회사 주식을 사느라 묶여서 성장세가 둔화되었다.

**Q 아이들이 실제 주식을 투자하는 방식은 어떤 문제가 있었나?**

A 종목 주가를 기록한 표를 게시하고, 그에 맞게 투자금 변동을 계산하는 것 자체가 꽤 복잡하다. 모든 학생이 똑같은 금액을 넣지도 않는다. 종목 개수가 많아지면 더 난장판이 된다. 그리고 실제 주식에서는 주주총회에 참여할 수가 없다. 의결권, 투표권을 행사하지 못한다.

가장 결정적인 단점은 교실 속 인플레이션을 따라가지 못한다는 것이다. 교실 속 자산들은 한 달에 2배는 기본으로 오르는데, 실제 주식에서는 그런 종목이 거의 없다. 이를 보완하기 위해서 어떤 선생님은 실제 수익률에 5배, 10배를 곱해 계산한다. 가령, 실제 주식이 5% 오르면 10을 곱해 50%로 계산하는 방식이다. 이건 선물 옵션을 가르치는 꼴이다. 나는 개인적으로 아이들에게 선물 옵션 투자를 가르치는 건 도박을 가르치는 거라고 생각한다.

**Q 교실 내 운영되는 사업을 상장하는 방식은 어떤 문제가 있었나?**

A 교실 속 사탕 가게 혹은 은행 사업, 복권 사업의 매출, 이익, 자산을 기입한 재무제표를 작성하고 상장할 수 있다. 상장

으로 자금을 조달하여 직원도 고용하는 등, 주식의 메커니즘을 더욱 실감 나게 보여주는 방식이다. 이는 분명 더 교육적이지만 큰 문제가 하나 있다. 주가 조작 우려다. 먼저, 여럿이서 뭉쳐서 그 회사 주식을 산 뒤 회사 제품을 마구 사들인다. 그 덕분에 이익이 늘고 배당이 늘어 주가가 오르면 팔아버린 뒤, 주가를 떨어뜨리기 위해 그 후에는 제품을 아예 사지 않는다. 그러고 나서 주가가 떨어지면 다시 대거 사들인다. 이걸 교묘하게 하면 잡아내기 힘들다.

**Q 투자와 관련해서 교육과정과 연계한 차시가 있나?**

A 6학년 1학기 '비와 비율' 단원에서 비율, 백분율 개념을 활용하여 예금 및 대출 이자 계산, 주식 수익률 계산, 월세 수익률 계산 등을 할 수 있었고, 6학년 2학기 '비례식과 비례배분' 단원을 활용하여 내가 가진 예금, 부동산, 주식 등 자산배분을 그래프로 나타낸 적도 있었다. 4학년과 6학년에 있는 그래프 단원에서도, 자산 가격 변동 추이를 꺾은선 그래프로 나타내기 활동이 가능하다.

**Q 교실 주식에 대한 가치 평가는 어떻게 하나?**

**A** 주식은 간단한 모형으로 구성했어도 복잡하다. 예를 들어 교실 부동산은 월세가 1%로 고정되어 있지만, 주식은 배당수익률(주당 가격 대비 배당금)이 고정되어 있지 않고, 기업의 배당 성향(당기순이익 중 배당금의 비율) 및 주주환원정책(주주 가치를 제고하는 정책)에 따라 0% 혹은 10%까지 오르기도 한다. 주식의 근본인 이익도 변동이 심해 가치 평가가 힘들다. 물론 앞으로의 이익을 계산하고, 현금 흐름을 현재 가치로 환산하기 위한 할인율을 적용하는 등 어느 정도 가능하긴 하다. 하지만 그 방식보다는 어설프더라도 좀 더 간단한 방식이 있는데, 이는 다음 장에서 소개하겠다.

기타

Q&A

**Q 경제교실은 몇 학년부터 가능할까?**

A 3학년부터 가능하다. 3학년에서도 [사진 18]처럼 부동산까지 할 수 있다. 하지만 2학년은 두 자리 수 덧셈 뺄셈도 힘든 경우가 많아 은행 운영이 어렵다. 실물 화폐 위주로 해야 한다. 그리고 경제 활동 이전에 가르쳐야 할 기본 생활 습관들이 꽤 많다.

**Q 환율, 금리 투자도 하나?**

A 피터 린치가 이런 말을 했다. "금리의 방향과 타이밍을 세 번 연속 맞춘다면 백만장자가 된다." 그만큼 어렵다는 뜻이다. 그래서 투자 시장에서는 환율과 금리의 방향은 예측하지 말라는 격언이 있다. 환율과 금리와 관련된 거시 변수들이 너무나도 많기 때문이다. 따라서 가치 투자 대가들은 작은 단위의 변수, 즉 개별 기업의 미래를 예측하는 데에 좀 더 초점을 둔다.

**Q 비트코인은 도입 안 하나?**

A 코인은 주식과 다르다. 주식 회사는 현금 흐름을 창출한다. 하지만 코인은 현금 흐름을 만들지 않는다. 주식 회사

사진 **18**

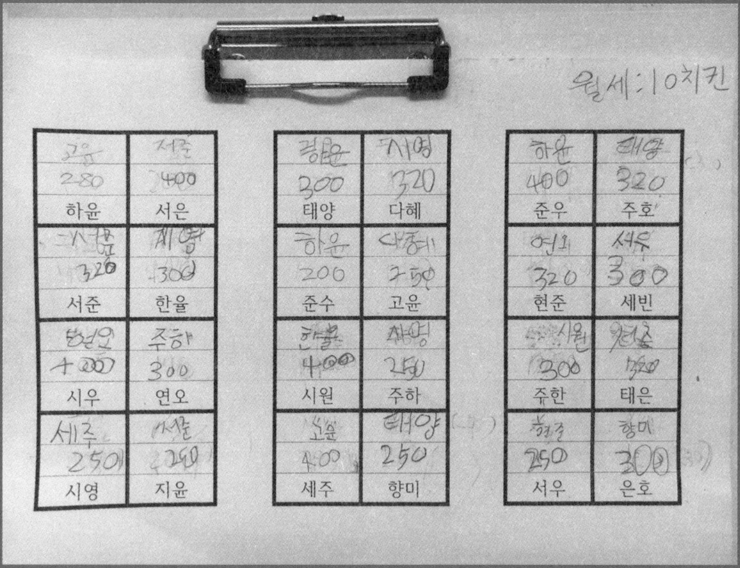


**2024년 부동산 거래표**

3학년까지도 부동산 투자가 가능하다.
큰 학교의 경우 간단하게
월세를 일괄 통일할 수도 있다.

는 자산이 있다. 하지만 코인은 자산이 없다. 주식 회사는 배당을 준다. 코인은 배당이 없다. 물론 투자법에는 단 하나의 정답만 있는 것은 아니다. 비트코인이 쓸모없다는 말도 아니다. 그래서 나는 아이들에게 코인 투자가 틀렸다고 말하지는 않는다. 하지만 도입할 생각은 없다.

Q **금이나 원유 투자는 어떨까?**

A 금이나 은, 구리, 원유는 금리와 환율보단 아니어도 여전히 많은 변수들이 결부돼서 뉴스로 가격을 예측하기는 거의 불가능에 가깝다. 만약 할 수 있다면 지금 당장 억대 연봉을 벌러 나가는 게 낫다.

Q **채권도 도입하면 어떨까?**

A 괜찮다고 생각한다. 국가채, 지방채 말고도 주식을 도입했을 때 회사채를 발행할까 고민해본 적이 있지만 거기까진 하지 않았다. 너무 바빠진다. 사실 예금뿐만 아니라 적금도 할 수 있었다. 교사인 친구가 이 경제교실을 직접 해보면서 적금도 시도해보았다. 나도 어떻게 될지 궁금하긴 했다. 그 친구는 은행원이 힘들어지고 계산 실수도 잦아져 애

를 먹었다고 한다.

**Q 복권과 은행 사업 외에 또 다른 사업이 있나?**

A 무역 사업도 가능하다. 전국 경제교실을 '무역'을 통해 하나로 잇는 '금교잇'을 참고하면 좋다. 나는 금교잇을 통해서 하진 않았지만 조금은 원초적인 방식으로 진행했었다. 바로 옆 반에 가서 무역을 하는 방식이다. 그 반에는 화폐가 없어서 환전도 할 수 없는데 그게 가능할까?

그때 사업자의 역량이 발휘된다. 우리 반은 이미 싫증이 나서 유행이 지나버린 물건이지만, 그 반 친구들이 좋아할 만한 물건을 가져간 다음, 그 반에서 유행이 지났지만 우리 반에서는 잠재 수요가 있는 물건으로 물물 교환해오는 것이다. 이 방식은 무역 사업자들에게 떼돈을 벌어주었다.

그 밖에도 교실 내에서 무언가를 만들거나 서비스를 제공하는 사업을 아이들에게 적극 권장한다. 예를 들어 2021년에는 그림 잘 그리는 친구가 캐릭터와 옷들을 그려서, 옷 입히기 유행을 불러일으켰다. 그 친구는 공무원 주급의 5배에 달하는 돈을 벌어들였고, 수업 시간에도 틈만 나면 그림 아이디어가 생각났는지 자꾸 한눈을 팔곤 했다. 2022

년에는 미용 사업이 있어서 집에서 간단한 롤을 가져와 머리를 손질해주었고, 비용은 10치킨으로 매우 저렴해 우리 반의 쉬는 시간은 [사진 19]처럼 미용실로 탈바꿈됐다.

Q **만약 이 책을 미리 읽은 학생이나 학부모가 있으면 투자 설계의 비밀을 알기 때문에 유리하지 않을까?**

A 똑같이 투자 시스템이 있고, 똑같이 금리가 들어서더라도 여전히 유효한 게 하나 있다. 똑같은 강물에 두 번 뛰어들 수 없다는 것이다. 심지어 이 시스템을 설계하고 진행하는 나조차도 아이들의 심리를 예측할 수가 없어 자주 당황하기도 한다. '이쯤이면 다들 열광해서 사지 않을까?' 했는데 오히려 미지근하고, '당분간은 썰렁하겠다.' 싶을 때 유행이 불어닥치기도 한다. 그리고 버블과 경기에 가장 큰 영향력을 미치는 금리가 흘러가는 방향은 매년 다르다. 교사가 언제 얼마나 금리를 올릴지는, 이 책을 여러 번 읽은 아이와 학부모도 알 수 없는 영역이다. 즉, 심리와 금리, 이 두 가지 덕분에 모든 교실의 이야기는 매번 새롭게 쓰여질 수밖에 없다.

사진 **19**

**미용 사업**

복권과 은행 사업 외에도 교실 내에서 무언가를 만들거나 서비스를 제공하는 사업을 아이들에게 적극 권장한다.

**Q** **경제교실의 부작용이나 단점이 있나?**

**A** 첫 번째, 교사가 피곤할 수 있다. 아무리 규칙과 절차를 간소화했어도 교사의 판단이 끊임없이 필요하다.

두 번째, 서로를 비교하는 버릇이 생길 수 있다. 서로의 재산을 매번 확인할 수 있는 탓이다. 다른 친구의 재산과 내 재산을 끊임없이 비교하는 행동은 질투심을 더욱 자극한다. 그런데 그 비교 심리와 질투심 덕분에 버블과 폭락이 매년 생길 수 있었고, 그 문제와 감정을 표면화시킨 덕분에 그 문제와 감정에 대해 깊이 의논하고 성찰할 수 있었다. 남과 비교하지 않고 내 것에 집중하는 연습을 하게 되는 계기가 되기도 한다.

세 번째, 돈의 논리로만 접근할 수 있다. 그런 암울한 면을 보다 보면 교실에 감돌 수 있었던 순수함이 그리워질 수 있다. 따라서 돈으로 매길 수 없는 것에 대한 토론 활동이 받쳐줘야 하고, 교사는 경제교실과 학교생활 사이의 명확한 경계를 보여줘야 한다. 어떤 것들은 아무리 돈이 많아도 살 수 없고, 돈을 받지 않아도 해야 할 것들과 즐길 수 있는 활동들이 있다는 걸 보여줘야 한다. 예를 들어 돈을 걸고 내기를 하거나, 자기 자리 청소를 돈을 주고 남에게 시키는 건 금지한다. 수업 활동이나 게임에도 상금을 걸지 않는다.

네 번째, 경제교실을 체험하고 난 다음 해에는, 아이들이 웬만한 활동에 재미를 못 느낄 수 있다. 내가 맡았던 아이들을 다음 해에 맡게 된 선생님마다 내게 이런 말을 하셨다. "아이들이 제가 하는 수업은 뭐든 재미없다는 듯이 반응해요. 제 교실에서 '전준형 선생님은 이렇게 했는데', '전준형 선생님이 그때 그런 말 했는데', '전준형 선생님', '전준형 선생님' 틈만 나면 얘기해요. 저한테 대신 경제교실 해줄 수 없냐고 묻기까지 해요." 이 투자 역사를 체험하게 된 1년이, 축복이자 저주처럼 작동한 모양이다. 이에 대해서 아직 마땅한 해결책을 내놓지 못했다. 좀 덜 재밌어야 할 것 같다.

# 9장

# 교사용 경제교실 지도서

## 경제교실 연대표

[사진 20]과 같은 단계적인 진행은 학생 입장에서, 교사 입장에서도 덜 부담스러운 방법이다. 매주 천천히 한 요소씩 이 연대표를 따라 도입하기를 권장한다. 만약 기본 시스템만 운영한다면 투자, 금리, 사업을 제외하고 보면 된다.

사진 **20**

1주차
규칙
2주차
직업과 부업
3주차
부동산
4주차
금리
5주차
시장
SALE
6주차
재산세
7주차
대출
BANK
8주차
사업
CANDY
LOTTO
마지막 주
학기말 보상
2학기
주식


**경제교실 연대표**

단계적인 진행은 학생 입장에서, 교사 입장에서도 덜 부담스러운 방법이다. 매주 천천히 한 요소씩 위 연대표를 따라 도입하기를 권장한다.

SYSTEM 01

# 1~3주차 금리 도입 전

## 1. 1주 차 규칙

개학 첫날 10치킨씩 나눠주고 안전 규칙을 설명한 뒤 벌금을 1치킨씩 건는다.

**안전 규칙**

❶ **뛰지 않고 걷기(계단 포함)**
❷ **누군가를 밀거나 때리지 않기**
❸ **높은 곳에 올라가거나 매달리지 않기**

첫 주는 위 규칙 위주로 적용하되, 추가 규칙도 천천히 도입한다.(교실마다 다르게 적용)

**추가 규칙**

❶ **기부, 돈 빌리기, 절도 금지**(단 한 번이라도 절도할 경우 참여 금지)
❷ **필수로 제출해야 하는 가정통신문 및 숙제를 제때 제출하기**
❸ **그 밖의 위험한 행동 금지**(선생님이 직접 판단)

거래 규칙

❶ 한 달마다 여는 시장 외에는 교실 밖에서 가져온 물건은 팔 수 없다.
❷ 밖에서 값싼 재료를 교실에 가져와 만든 제품은 팔 수 있다.

1주차 TIP

**01 화폐 제작 시 유의사항**

화폐가 없어도 원활한 운영이 가능하지만, 만약 제작한다면 1, 10, 100, 1000 단위로 디자인을 만들어 대량 출력 또는 복사한 후 자르는 방법이 가능하다. 업체에 주문 제작하거나 초등 아이스크림몰 제품 이용도 가능하다. 코팅은 필수는 아니지만 습한 날씨에 눅눅해지거나 물에 젖지 않도록 하려면 필요하다.

**02 벌금 걷는 법**

첫 주에는 은행이 없으니 선생님에게 직접 현금으로 내게 한다. 은행이 생기고 나면 "은행원~ 전준형 30치킨 벌금 빼 줘."라고 하면 끝이다.

**03 벌금을 적용할 때 유의사항**

준비물 챙기기, 욕하지 않고 바른 말 쓰기, 쉬는 시간에 소리 지르지 않기 등 과도하게 많은 벌금 규칙이 있으면 경제교실을 벌금교실로 느끼기 쉽다. 그렇게 되면 이 시스템을 속박으로 느끼고, 벗어나려 애를 쓸 수도 있다. 적절한 균형이 필요하다. 다만 절도를 하거나 은행 장부를 조작하는 등의 중대한 위반 행위를 하면 벌금이 아닌, 경제교실 참여가 바로 금지되고 개별적인 지도와 상담 위주로 진행한다. 절도 행위와 조작 행위는 단 한 번이더라도 절대 넘어가지 않는다. 무심코 넘어갔다가 경제교실은 물론이고 학급 분위기도 위태로워진 사례를 본 적이 있다. 그래서 반드시 중지시킨다. 대신 충분한 반성이 이루어지면 한 달 뒤에 복귀하게 한다.

### 04 규칙 설정할 때 중요한 점

먼저, 규칙의 개수를 최소화해야 한다. 너무 많으면, 듣는 입장에서 과부하가 걸려 규칙이 잘 안 지켜진다.

그다음으로, 명확한 기준이 있는 규칙으로 벌금을 건다. 물론 예쁜 말 쓰기나 수업 시간에 집중하기와 같은 규칙이야 도입할 수 있지만, 벌금을 걷기에는 기준이 모호하다. 그래서 뛰기, 밀거나 때리기, 올라가거나 매달리기와 같은 행동 규칙을 위주로 벌금을 걷는다.(사실 '뛰지 않기'라는 규칙조차 기준이 모호해서 속도를 기준으로 구체적인 예시를 여러 번 안내한다.)

마지막으로, 되도록 긍정형으로 마무리한다. 인간의 뇌에는 부정의 개념이 없다. 코끼리를 떠올리지 말라고 하면 코끼리가 떠오르듯이 인간은 듣는 순간 상상하게 된다. '뛰지 말기'

보단 '뛰지 않고 걷기'로 마무리하려는 것도 그런 이유였다. 단, 긍정형으로 마무리하려다가 문장이 너무 길어져 전달력이 떨어진다면, 좀 더 짧은 문장을 추구하긴 한다. '밀거나 때리지 않기'처럼.

SYSTEM 02

## 2주차 직업과 부업

### 1. 계산 시험 보기

암산 능력이 아니라 계산기 활용 능력을 볼 수도 있다. 그런데 간단한 덧셈과 뺄셈은 계산기에 일일이 입력하는 것보다 암산해서 장부 계좌를 변경하는 게 더 빠르다. 그래서 계산기 활용 능력은 다섯 자리가 넘어갔을 때 추가적으로 본다. 이 계산 시험의 채점 기준 1순위는 무조건 정확도이다. 만약 동점자가 생기면 속도로 등수를 나눈다.

### 2. 직업 정하기

**| 은행원 |** (예금, 출금을 돕고, 이자를 주거나 받는 역할)

계산 시험 성적을 바탕으로 남학생 1명, 여학생 1명씩을 뽑는다. 남자 은행원은 여학생들의 계좌를, 여자 은행원은 남학생들의 계좌를 장부로 관리한다. [사진 21]-2처럼 모조지에 번호순대로 이름을 적고 옆에 계좌 잔액만 적으면 은행 장부가 된다. 입금이나 출금할 때마다, 지우개로 금액을 지우고 새로운 잔액을 적는다.

**| 재산 조사원 |**

계산 시험 성적이 준수한 학생을 뽑아, 매주 수요일과 금요일에 [사진 21]-3의 표를 작성하게 한다. 교사는 [사진 21]-4의 표처럼 한글파일에 재산 변화 추이를 입력한다. 만약 급격한 재산 증가나 감소 등 이상한 재산 변화를 보인 학생이 있으면, 지난 2~3일 동안 어떻게 재산을 변화시켰는지 물어본다. 소명하지 못할 경우 교사의 판단으로 합리적인 증가분 혹은 감소분을 반영한다. 즉, 은행 계좌에서 적당한 만큼 빼거나 더한다.

**| 화폐 관리원 |**

금고에서 화폐를 꺼내 입금이나 출금 과정을 돕는다. 우리 반의 경우 현금이 거의 필요 없어서 할 일이 많지 않은 직업이다.

사진 **21**

**1**

은행원 자격 시험

이름:

| | |
|---|---|
| 1335 + 80 = | 3176 + 70 = |
| 2185 + 100 = | 3217 + 50 = |
| 3432 - 150 = | 2342 - 200 = |
| 5439 - 180 = | 3527 + 300 = |
| 4832 - 500 = | 4563 - 700 = |
| 6303 - 280 = | 7342 + 250 = |
| 14411 - 150 = | 17731 - 115 = |
| 12348 + 30 = | 12720 + 550 = |
| 8323 - 3500 = | 9732 + 4500 = |
| 9032 - 3900 = | 8732 - 6400 = |
| 13567 - 7800 = | 32433 + 8400 = |
| 57223 - 12000 = | 81253 + 14000 = |
| 96923 - 15600 = | 99239 - 21000 = |

**2**

| | |
|---|---|
| 고○○ | 24 |
| 김○○ | 19 |
| 문○○ | 16 |
| 박○○ | 24 |
| 박○○ | 20 |
| 변○○ | 15 |
| 손○○ | 25 |
| 양○○ | 24 |
| 오○○ | 19 |
| 이○○ | 21 |
| 정○○ | 20 |
| 현○○ | 25 |

**3**

| | 현금 | 예금 | 부동산 | 총 재산 |
|---|---|---|---|---|
| 이름 1 | | | | |
| 이름 2 | | | | |
| 이름 3 | | | | |
| 이름 4 | | | | |
| 이름 5 | | | | |
| 이름 6 | | | | |
| 이름 7 | | | | |
| 이름 8 | | | | |
| 이름 9 | | | | |
| 이름 10 | | | | |

**4**

| | 3/6 | 3/10 | 3/14 | 3/17 | 3/20 | 3/22 | 3/28 |
|---|---|---|---|---|---|---|---|
| | 31 | 131 | 211 | 218 | 716 | 958 | 1455 |
| | 30 | 140 | 204 | 208 | 580 | 732 | 1001 |
| | 31 | 129 | 188 | 189 | 449 | 539 | 701 |
| | 31 | 131 | 205 | 212 | 687 | 915 | 1222 |
| | 30 | 130 | 179 | 181 | 465 | 545 | 840 |
| | 31 | 131 | 195 | 195 | 478 | 680 | 870 |
| | 30 | 130 | 200 | 204 | 492 | 583 | 873 |
| | 30 | 128 | 198 | 204 | 484 | 682 | 972 |
| | 31 | 131 | 196 | 204 | 700 | 810 | 1115 |
| | 30 | 138 | 203 | 210 | 447 | 579 | 879 |

**직업 정하기 예시**

**1** 은행원 자격 시험지 예시

**2** 2024년 은행 장부

**3·4** 재산조사 자료

**| 공무원 |**

가위로 무언가를 자르거나 화폐를 만드는 일을 담당하기도 하고, 쉬는 시간이나 점심 시간에 다른 친구들을 전문적으로 가르치는 교사, 수업 시작할 때 문을 닫는 문지기, 환경미화원도 가능하다. 선생님마다 다른 필요와 특색에 맞게 적용할 수 있다.

**| 그 외 가능한 직업 |**

유튜버, 신청곡 받아서 노래 틀어주는 DJ, 은행 사업자, 복권 사업자, 소매 상인 등이 있다.

## 3. 은행 사용법

**| 입금 |**

은행원한테 간 다음 돈을 내민다. 은행원은 그 돈을 세고 계좌 금액을 변경한다. 고객은 그 돈을 그대로 화폐 관리원에게 주거나 금고에 놓고 간다.

**| 출금 |**

은행원에게 계좌에서 얼마를 빼달라고 한다. 은행원은 계좌에서 뺀다. 고객은 화폐 관리원에게 가서 받는다.

**| 계좌이체 |**

은행원이 자리에 있으면 은행원에게 누구 얼마 빼주고 누구 얼마 넣어달라고 하면 된다. 은행원이 자리에 없으면 은행 장부 잔액 옆에 +100, -100처럼 계좌이체 금액을 [사진 22]과 같이 메모해두고 가면 된다. 편리한 계좌이체를 위해 은행 장부는 자리 옆에 매달아 놓도록 한다.

## 4. 부업(혹은 장학금)

부업은 필수적인 요소는 아니지만, 한다면 아래 예시들로 진행할 수 있다. 대신 아래 예시들은 한꺼번에 진행하지 않고 일정 기간 동안 한 종류의 부업만 받았다. 하루에 1개만 제출 가능하다. 기본 금액도 있고 인센티브도 준다.(자세한 예시는 직업과 부업 Q&A에 있다.)

**부업 알아보기**

❶ **바른 글씨 쓰기**(준비물: 학습지)
❷ **시 또는 소설 쓰기**(준비물: A4 용지 또는 공책)
❸ **영어 퀴즈 만들기**(준비물: 포스트잇)
❹ **온 책 읽기 퀴즈 제출**(준비물: 포스트잇)
❺ **재밌는 지식 제출**(준비물: 포스트잇)

사진 **22**

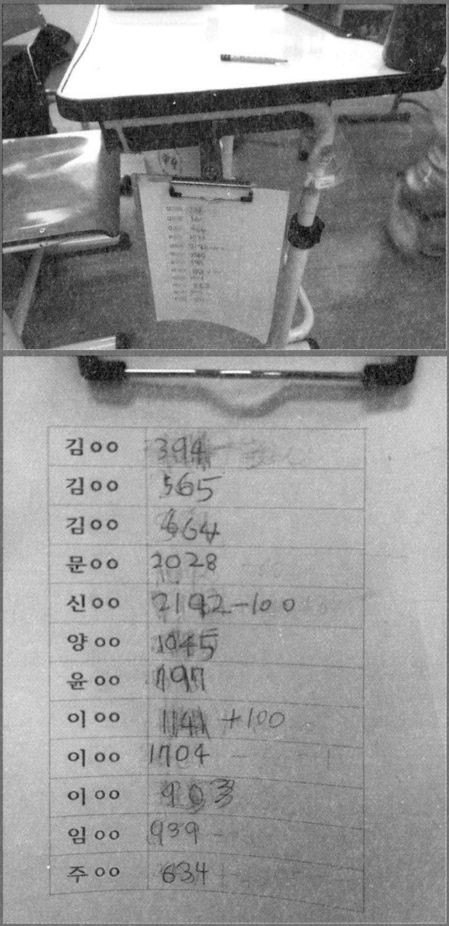


**은행장부 게시**(상)**와 계좌이체 예시**(하)

은행원이 자리에 없을 경우를 대비해 자리 옆에 매달아 놓아 +100, -100처럼 계좌이체 금액을 메모해두고 가면 된다.

### 5. 세금

소득세는 월요일 주급에서 10% 차감하고, 전기세, 수도세는 각각 100치킨을 걷으며, 달마다 2배씩 높아진다.

2주차 TIP

**01 주급 정하는 방법**

교사가 대략적으로 정하지만 너무 지원자가 많거나 너무 지원자가 없을 때는 다음과 같이 정한다. "문지기 30치킨에 일할 사람?" -아무도 지원하지 않는다. "35치킨?" -서로 눈치만 본다. "40치킨?" 그제야 한 명 손을 들면 40치킨으로 주급을 정한다. 반대로 너무 많은 학생이 지원하는 자리가 있다. "30치킨에 화폐 관리원 할 사람?" -5명이 손을 든다. "딱 한 명만 필요한데. 그럼 25치킨?" -3명이 남는다. "20치킨?" 한 명만 남고, 주급은 20치킨으로 결정된다. 이렇듯 주급을 굳이 고정해놓진 않는다. 이로써 물건을 사거나 팔 때뿐만 아니라, 일자리를 얻는 구인 구직 활동에서도 수요 공급 법칙이 적용된다는 사실을 직접 경험한다.

**02 주급 지급 방법**

매주 월요일 아침 시간에 주급이 기록된 한글 파일을 연 뒤, 지난 한 주를 돌아보며 열심히 일한 학생의 주급에 보너스를 더하고, 세금을 제한 뒤 최종 급여를 확정 짓는다. 그 파일을 출력해서 은행원에게 입금하라고 주면 끝이다. 그런데 급여는 매주가 아닌, 격주마다 혹은 한 달마다 주는 것도 가능하다. 다만 빠른 템포로 경제 현상을 보여주기 힘들다.

### 03 재산조사 시 유의사항

이때 교사의 역할이 가장 중요하다. 만약 이상한 변화가 감지되면 그 학생의 2~3일간 행동 패턴을 떠올린다. 직업이나 부업으로 많이 벌었고, 땅을 여러 개 들고 있었으며, 그 땅을 거래했다는 다른 친구들의 증언이 있으면 재산이 2배가 늘어도 이상하지 않다. 반면 갑작스럽게 떨어진 경우도 있는데, 소비를 했거나 벌금을 냈거나 투자 손실을 본 게 아니라면, 보통 은행원의 실수나 부동산 거래 실수일 때가 많다. 만약 부동산 거래 실수라면, 반대로 재산이 갑자기 늘어난 친구가 있을 수 있다. 잘 비교해보고 찾아야 한다. 그럼에도 원인을 찾을 수 없는 오류가 있을 경우, 그 학생의 행동 패턴을 감안하여 재산을 재조정한다. 즉, 적당한 수준의 금액을 더하거나 뺀다.

### 04 실업 문제

불필요한 일자리까지 만들어 최대한 고용을 늘렸어도 결국 실업자가 생긴다. 그들에게는 평균 주급의 절반 정도 되는 기본 소득이나 실업 급여를 준다. 이에 대해 불공평하다고 느끼는 다른 친구들이 있을 시, 이를 토론 주제로 가져가서

의견을 나누고 합리적인 방향을 찾는다.

### 05 변경

주급, 부업, 벌금, 세금 모두 물가 상승에 맞춰 변경한다.

### 06 일주일 스케줄

스케줄은 다음과 같이 정하는 게 적절했다.

월요일: 주급

수요일: 재산조사

목요일: 월세(+배당)

금요일: 재산 조사

### 07 경찰이라는 직업에 대해

규칙 위반을 판단하는 건 교사가 하는 것이 좋다고 생각한다. 경찰이라는 직업은 불필요하다. 오히려 갈등만 더 생긴다. 아이들은 또래의 지적보다는 교사의 지적을 수월하게 받아들인다. 대신 교사는 규칙 위반 여부를 가늠하는 기술이 있어야 한다. 먼저, 행동에 대한 구체적인 기준을 제시해야 한다. 그래야 위반 여부를 쉽게 가늠할 수 있다. 그리고 누가 뛰거나 밀치거나 했다는 신고가 들어온 경우, 위반 학생의 진술과 평상시 행동, 신고한 학생의 숫자, 신고한 학생의 신뢰도 등을 종합적으로 고려하여 판단한다.

## 1. 부동산 기본 규칙

| | | | | |
|---|---|---|---|---|
| 집주인 | 김강모 | | | |
| 산 가격 | 400 | | | |
| 앉은 사람 | 빈유림 | 오예은 | 채모아 | 한이은 |
| | | | | |
| | | | | |
| | 김강모 | 김승준 | 백수호 | 윤찬웅 |
| | | | | |
| | | | x | x |
| | 임경효 | 한재웅 | | |

그림을 보면 자리마다 굵은 선으로 경계가 그려져 있다. 안에는 세 칸으로 나뉘는데 맨 위 칸은 집주인 이름, 가운데 칸은 산 가격, 맨 아래 칸은 앉은 사람 이름을 적는다. 자리를 사고팔 때는 집주인과 가격만 고치면 된다. 처음엔 모든 땅이 정부 소유이며, 교사가 정한 금액에 분양된다.

## 2. 부동산 관련 규칙

- 거래할 때는, 사고 싶은 땅의 주인에게 찾아가 가격을 협의하여 정하고, 구매자는 부동산표에 적힌 집주인

이름과 가격을 고친 뒤, 협의한 거래 금액을 계좌이체로 송금한다.

- 한 달마다 자리 교체할 때 소유한 자리에 앉을지 말지 선택할 수 있다. 하지만 여러 땅을 가진 경우, 하나만 선택하고 나머지 자리에 누가 앉을지는 교사가 정한다.
- 가격을 2배 높이면 반드시 팔아야 한다. 2배 미만에서는 서로 합의하여 가격을 정한다.
- 세입자는 매주 목요일 점심시간에 땅 주인에게 월세(집값의 1%, 일괄 통일 가능)를 내야 한다.
- 실제 거래가 없으면 가격은 고칠 수 없다.
- 학기 말에 모든 부동산은 정부가 매수가에 산다.

3주차 TIP

**01 처음에 모든 땅을 정부 소유로 분양하는 이유**

현재 앉은 자리를 학생에게 증여해서 시작하면 불공평하다. 선호하는 자리가 따로 있고, 그 자리는 먼저 오르기 때문이다. 또한 선생님이 모든 자리를 소유하다 보니, 학생들과 직접 거래를 하게 되고 거래 절차를 익히는 기간을 가진다는 장점도 있다.

**02 1% 월세를 계산하는 방법**

1%를 계산할 때는 간단하게 '맨 뒤 두 자리 수를 버리는 방식'으로 일러둔다. 예를 들어 532치킨이면 뒤에 두 자리를

버려서 5치킨이 되는 것이다. 예금 이자나 대출 이자도 이렇게 계산한다.

### 03 다인수 학급의 경우 매매 방식

학생 수가 많으면 "얼마에 팔아요~ 얼마에 사요." 하면서 교실이 시끄러워지니, 땅 주인 이름 옆에 괄호를 적도록 한다. 그 괄호 안에는 2배 미만의 가격에 팔고 싶을 경우에만 희망 가격을 적어놓도록 한다.

### 04 부동산 가격을 딱 1치킨만 올리는 경우

보통은 놔둔다. 다만 거래가 번거로워지거나 재산조사할 때 힘들어질 수 있으니까, 맨 앞 두자리 수만 빼고 버려서 적도록 한다. 가령, 7,175라면 7,100으로 수정하는 방식이다.

### 05 실제 거래를 통해 가격을 조작하는 경우

실제 거래가 있긴 하지만, 규제하기 애매한 경우가 있다.

첫 번째는 재산세를 낮추고 싶은 두 명이 서로의 땅을 낮은 가격에 사주는 것이다. 예를 들어, A가 B의 5만 치킨 땅을 1만 치킨에 사고, B는 A의 5만 치킨 땅을 1만 치킨에 사는 것이다. 그러면 1만 치킨의 현금을 서로 주고받은 것이니, 비용은 0이 들어갔고, 땅의 가격은 1만 치킨으로 낮아져 재산세를 면제받을 수 있다. 그때 나는 은행의 돈을 빌려 이 둘의 집을 각각 2만 치킨에 사버린다. 이익 한도는 2배이기 때문이다. 그러면 이들은 5차라리 세금을 낼 걸 후회한다.

두 번째는 친한 친구끼리 사고팔면서 인위적으로 가격을 올리는 자전거래다. 한번은 3명이 합심해서 땅값을 자전거래로 올린 적이 있었다. 특히 주식 시장에서는 이런 자전거래로 인한 거래량 상승과 주가 상승에 따라붙는 일이 많다. 하지만 그건 전산화돼서 일반투자자들이 자전거래인 줄 모르고 뛰어드는 현상이다. 실제로 눈앞에서 서로 올려가면서 사는 모습을 보고 있자면 그곳에 뛰어들 마음이 전혀 들지 않는다. 그냥 우스꽝스럽다. 그래서 자전거래로 올려진 가격을 따라 산 피해자는 없었으며, 오히려 자기들끼리 배신해 한 명이 큰 손해를 보았다. 배신당한 그 친구는 한동안 재산이 얼어 있었다.

### 06 자리표 출력 시 유의점

자리표 맨 밑칸에 적힌 세입자의 이름은 한 달 동안 달라지지 않으니, 지워지지 않도록 인쇄된 글자로 나타낸다. 한 달 뒤 자리 교체할 때가 돼서야 세입자의 이름을 한글 파일에서 고치고 새로 출력한다. 그리고 기존 자리표에 적힌 정보는 새로운 자리표에 연필로 옮긴다. 또한 자리표는 모조지로 출력해서 지우개로 박박 문질러도 찢어지지 않게 해야 한다.

## SYSTEM 04 4~8주차 금리 도입 후

### | 4주 차 | 직업 교체 및 금리 도입

#### 1. 직업 교체

은행원 시험을 다시 본 뒤 은행원, 재산 조사원을 뽑고, 나머지 직업도 뽑는다.

#### 2. 예금 이자 도입

예금 금리를 교실 한편에 게시한다. 3, 4학년은 비율 개념을 이해하기 힘드니 100치킨당 얼마로 표현하기도 한다. 이자는 아침 시간에 지급되며, 아침 시간엔 모든 경제활동이 잠시 멈춘다. 이때 뒤늦게라도 저금하려는 이들이 있을 수 있는데, 허용하지 않는다.

## SYSTEM 05 5주차 시장

#### 1. 시장 거래

- 인당 최대 2개까지 가져올 수 있으며, 가져온 물건의

사진 **23**

판매자:

제품 설명:

| 이름 | 가격 |
| --- | --- |
| | - |
| | - |
| | - |
| | - |
| | - |
| | - |
| | - |
| | - |

**경매표 양식과 시장 모습**

집에서 가져온 물건의 값을 정해 경매표를 작성하여 아이들끼리 20~30분 동안 정해진 시간에 거래를 한다.

실제 가격이 합해서 3,000원이 넘으면 안 된다.(사탕 10개를 가져왔다면 한 묶음이나 두 묶음으로 나누어 팔 수 있다.)

- 표에 판매자 자신의 이름을 적고, 제품 설명란에는 물건이 중고인지, 최저 판매가가 얼마인지 등을 적도록 한다. 그리고 경매 표를 자신이 가져온 물건 앞에 두도록 한다.
- 돌아다니면서 [사진 24]과 같이 이름과 희망 가격을 적는다. 이미 어떤 사람이 희망 가격을 적어놨는데, 그 가격보다 더 비싼 가격에라도 사고 싶을 경우, 그 바로 아래에 자신의 이름과 희망 가격을 적으면 된다. 위칸에 내가 가격을 적었던 적이 이미 있더라도 그걸 고치면 안 된다. 반드시 바로 밑칸에 새롭게 적어야 한다. 이때 올린답시고 1치킨만 찍 올리는 경우가 있다. 그래서 100치킨~999치킨(세 자리 수) 사이에서는 10치킨을 최소 단위로 하고 1000치킨~9999치킨(네 자리 수) 사이에서는 100치킨을 최소 단위로 한다. 즉, 가장 큰 두 자리 수에만 0이 아닌 수를 쓸 수 있다.
- 대략 20~30분 동안 경매가 진행된다. 지우개가 아닌, 연필이나 볼펜만 들고 다닌다. 지우는 걸 허락하면 난장판이 된다. 한번 쓴 기록은 지울 수 없으니 신중하게 적도록 한다. 정해진 시간이 되면 가장 아래 적힌 사람에게 낙찰된다.

사진 **24**

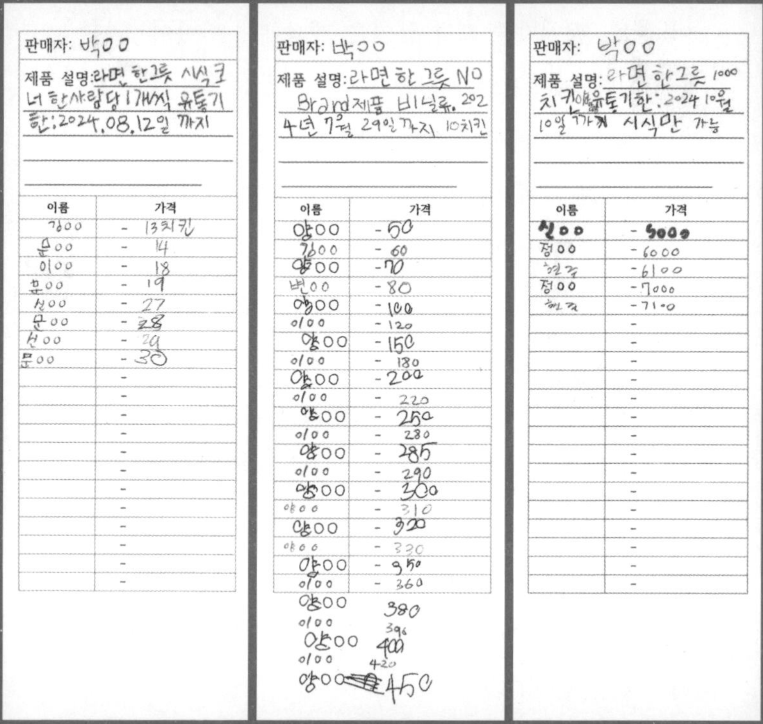

판매자: 박OO

제품 설명: 라면 한 그릇 시식코너 한 사람당 1개씩 유통기한: 2024.08.12일 까지

| 이름 | 가격 |
| --- | --- |
| 강OO | - 13치킨 |
| 윤OO | - 14 |
| 이OO | - 18 |
| 윤OO | - 19 |
| 신OO | - 27 |
| 문OO | - 28 |
| 선OO | - 29 |
| 문OO | - 30 |

판매자: 박OO

제품 설명: 라면 한 그릇 NO Brand제품 비닐류. 2024년 7월 29일 까지 10치킨

| 이름 | 가격 |
| --- | --- |
| 양OO | - 50 |
| 강OO | - 60 |
| 양OO | - 70 |
| 변OO | - 80 |
| 양OO | - 100 |
| 이OO | - 120 |
| 양OO | - 150 |
| 이OO | - 180 |
| 양OO | - 200 |
| 이OO | - 220 |
| 양OO | - 250 |
| 이OO | - 280 |
| 양OO | - 285 |
| 이OO | - 290 |
| 양OO | - 300 |
| 양OO | - 310 |
| 양OO | - 320 |
| 양OO | - 330 |
| 양OO | - 350 |
| 이OO | - 360 |

양OO 380
이OO 396
양OO 400
이OO 420
양OO 450

판매자: 박OO

제품 설명: 라면 한 그릇 1000치킨 유통기한: 2024 10월 10일 까지 시식만 가능

| 이름 | 가격 |
| --- | --- |
| 신OO | - 5000 |
| 정OO | - 6000 |
| [illegible] | - 6100 |
| 정OO | - 7000 |
| [illegible] | - 7100 |

**4월, 5월, 6월**
**시장의 경매표 예시**

똑같은 제품의 가격이 시장 때마다 달라졌다.

- 판매자는 제품을 구매자에게 전달하고 경매표를 선생님에게 제출하면 끝이다.

### 2. 계좌이체 과정

- 명단 맨 밑에 적힌 구매자는 해당 금액을 계좌에서 빼야 하고, 판매자는 해당 금액을 계좌에서 받아야 하는 입장이다. A가 B의 물건을 100치킨에 샀다면, 조사표에 A의 이름 옆에는 -100, B의 이름 옆에 100을 채운다. 이렇게 경매표를 모두 반영하면 [사진 25] 왼쪽 사진과 같이 완성된다.
- 완성한 표를 엑셀 또는 한글 파일 기능(블록 합산 기능)을 활용해 [사진 25]의 가운데 사진과 같이 모두 합산한다. 그다음 이 합산이 맞는지 확인하기 위해 [사진 25]의 오른쪽 사진과 같이 최종 합계가 0임을 점검한다. 누군가가 벌었으면 누군가가 그만큼 썼다는 의미여서 통화량 변화는 0이어야 한다.
- 이 파일을 인쇄해서 은행원한테 최종 합계를 반영해달라고 하면 끝이다.

사진 **25**

| | | | | | |
|---|---|---|---|---|---|
| 은 | -400 | | | | |
| 미 | | | | | |
| 영 | -160 | 240 | 100 | | |
| 빈 | 720 | | | | |
| 은 | 450 | 80 | | | |
| 혜 | | | | | |
| 윤 | 160 | -40 | -300 | | |
| 양 | -180 | 300 | 410 | | |
| 윤 | -250 | -100 | 200 | 190 | |
| 하 | -270 | | | | |
| 우 | -80 | 40 | 180 | | |
| 윤 | | | | | |
| 원 | -560 | -240 | -410 | -200 | |
| 한 | -190 | | | | |
| 우 | | | | | |
| 수 | | | | | |
| 준 | 250 | -130 | | | |
| 호 | -450 | 560 | | | |
| 오 | | | | | |
| 준 | 270 | | 400 | | |
| 주 | -720 | 740 | | | |
| 호 | -740 | | | | |
| 우 | | | | | |
| 율 | 130 | 400 | -400 | | |
| 계 | | | | | |

| | | | | | |
|---|---|---|---|---|---|
| 은 | -400 | | | | -400 |
| 미 | | | | | 0 |
| 영 | -160 | 240 | 100 | | 180 |
| 빈 | 720 | | | | 720 |
| 은 | 450 | 80 | | | 530 |
| 혜 | | | | | 0 |
| 윤 | 160 | -40 | -300 | | -180 |
| 양 | -180 | 300 | 410 | | 530 |
| 윤 | -250 | -100 | 200 | 190 | 40 |
| 하 | -270 | | | | -270 |
| 우 | -80 | 40 | 180 | | 140 |
| 윤 | | | | | 0 |
| 원 | -560 | -240 | -410 | -200 | -1,410 |
| 한 | -190 | | | | -190 |
| 우 | | | | | 0 |
| 수 | | | | | 0 |
| 준 | 250 | -130 | | | 120 |
| 호 | -450 | 560 | | | 110 |
| 오 | | | | | 0 |
| 준 | 270 | | 400 | | 670 |
| 주 | -720 | 740 | | | 20 |
| 호 | -740 | | | | -740 |
| 우 | | | | | 0 |
| 율 | 130 | 400 | -400 | | 130 |
| 계 | | | | | |

| | | | | | |
|---|---|---|---|---|---|
| 은 | -400 | | | | -400 |
| 미 | | | | | 0 |
| 영 | -160 | 240 | 100 | | 180 |
| 빈 | 720 | | | | 720 |
| 은 | 450 | 80 | | | 530 |
| 혜 | | | | | 0 |
| 윤 | 160 | -40 | -300 | | -180 |
| 양 | -180 | 300 | 410 | | 530 |
| 윤 | -250 | -100 | 200 | 190 | 40 |
| 하 | -270 | | | | -270 |
| 우 | -80 | 40 | 180 | | 140 |
| 윤 | | | | | 0 |
| 원 | -560 | -240 | -410 | -200 | -1,410 |
| 한 | -190 | | | | -190 |
| 우 | | | | | 0 |
| 수 | | | | | 0 |
| 준 | 250 | -130 | | | 120 |
| 호 | -450 | 560 | | | 110 |
| 오 | | | | | 0 |
| 준 | 270 | | 400 | | 670 |
| 주 | -720 | 740 | | | 20 |
| 호 | -740 | | | | -740 |
| 우 | | | | | 0 |
| 율 | 130 | 400 | -400 | | 130 |
| 계 | | | | | 0 |

**계좌이체 예시**

시장 경매가 마무리되고 난 뒤,
구매자와 판매자의 계좌를 정리하여
통화량이 0이 되도록 한다.

SYSTEM 06

## 6주차 재산세

재산세는 금요일마다 걷는다. 금요일에 재산조사를 하는 김에, 신고된 재산의 1%를 계산하여 걷는 방식이 간편해서다. 재산세 관련 규칙은 다음과 같다.

6주 차부터 재산 상위 30%에게는 매주 재산의 1%씩을 걷는다. 예를 들어 예금, 현금, 부동산을 합해서 5,000치킨을 가지고 있는 경우 50치킨을 내야 한다.

SYSTEM 07

## 7주차 대출 도입

### 1. 대출 관련 규칙

교실 은행과 상업 은행 모두 아래 규칙은 똑같이 적용한다.

**대출 규칙 들여다보기**

❶ 금리는 최고 10%까지 오를 수 있다.
❷ 대출은 가장 최근 재산조사 때 신고한 재산만큼만 가능하다.
❸ 예금 이자와 대출 이자 지급 기준 시각은 매일 아침 9시이다.

### 2. 대출 관리 방법

예금 장부와 대출 장부를 각각 마련하고, 대출 담당 은행원을 뽑는다. 3~4학년의 경우 교사가 대출을 관리한다. 대출 담당 은행원은 대출 장부에 빌린 금액을 적어놓고 매일 이자를 뺀다. 예를 들어 -5,000치킨이 찍혀 있고 대출 금리가 1%면 다음 날, -5,050치킨으로 바꾼다.

7주차 TIP

**01 대출 금리 정할 때 유의사항**

학기 초에 빌리는 돈은 보통 큰 수익을 안겨주므로, 대출 금리를 상대적으로 높게 시작한다. 대략 5~6%쯤이다. 그리고 학기 말이 될수록 금리를 다시 높이다가 학기가 끝나기 2주 전부터는 신규 대출을 중단한다. 부동산 규칙 중 '학기 말에 정부가 부동산을 원가에 매수한다.'를 악용하여 대출을 활용해 여럿이서 서로의 집값을 인위적으로 높이는 일을 예방하는 차원이다.

**02 금리 조절하는 기술**

가끔 친한 아이들끼리 세력을 모아서 가격을 상승시키고 남들이 따라붙기를 유도하는 일도 있는데 그땐 간단하다. 금리 올리면 된다. 반대로 투심이 얼어붙었을 때는 금리를 내린다. 그런데 투심이 약할 때 금리를 내려버리고, 투심이 강해질 때 금리를 올려버리는 조치를 너무 자주 하면 정말 평탄한 인플레이션만 발생한다. 물론 그것도 좋지만 나는 한 학기에 한 번쯤은 꼭 버블과 붕괴를 연출한다. 다만 너무 과한 버블은 극심한 양극화와 대공황으로 이어질 수 있다.

빈부격차가 너무 심해서 전체의 의욕들이 줄어들었을 때도 금리가 유용하게 쓰인다. 가령, 압도적인 차이를 보이는 학생의 자산 배분이 모두 부동산에 치우쳐 있다면, 월세가 작게 느껴질 만큼 금리를 대폭 높인다. 그러면 상대적으로 다른 학생들의 재산은 나날이 속도가 붙게 되고, 그 학생은 소외감에 매물을 조금씩 내놓는다. 그 학생의 자산 배분이 현금에 치우쳐 있을 때는, 금리를 대폭 인하하여 0%에 닿게 한다. 이렇게 누군가를 타깃으로 삼아 금리로 흔들면 차이가 점차적으로 줄어든다.

그러나 매년 한두 명 정도는 소비 습관, 벌금, 투기, 불성실함 등으로 돌이킬 수 없는 격차가 벌어질 수밖에 없다. 그럴 때는 교사로서 제공할 수 있는 기회는 충분히 주되, 빈부격차를 억지로 해소하려 하지 않는다. 오히려 그 시도가 전체의 의욕과 몰입을 떨어뜨린다.

### 03 버블을 만드는 기술

먼저 꾸준한 상승을 겪게 해야 한다. 장기간 상승을 겪어본 적 없는 3월에는 아무리 열기를 부추겨도 버블이 생기기 어렵다. 하지만 그동안 집값이 주춤한 적은 있어도, 높은 금리로 인해 거래가 줄어든 적은 있어도, 결국 기다렸더니 올라갔던 경험이 누적되면 튼튼한 종교적인 신념이 생긴다. “부동산은 사면 오른다.” 그 신념이 무르익을 때까지 기다렸다가 대출을 시작한다.

하지만 대출을 시작했는데도 아무도 안 빌릴 수 있다. 그러면 버블이 생기지 않는다. 물론 학생들 전부 대출을 쓰지 않는 모습도 분명 좋은 면이 있지만, 8장 금리 파트에서 이유를 설명했듯이 그럴 때 나는 2가지로 대출의 문턱을 낮춘다.

1) 대출 한도 상향: 무주택자는 집 구매 비용 80% 대출 가능. 2) 대출 금리 인하 및 동결. 그러면 대출이 늘어난다. 이렇게 종교적인 신념과 대출이 만나면 매우 높은 확률로 버블이 생긴다.

### 04 버블을 깨뜨리는 기술

3가지를 기준으로 현재 집값이 매우 비싼 상황인지 가늠한다. 예금액과 PIR(1주 동안의 평균 소득 대비 집값 비율), 대출 잔고다.

첫 번째, 예금액. 은행 계좌를 봤을 때 집값의 2배를 초과하여 예금한 사람의 수가 교실 전체 수의 20% 이상이면 매우 싼 편이다. 10% 이상이면 싼 편, 0%면 비싸다.

두 번째, PIR. 1주 동안 학생들의 평균 소득(주급+부수입)을 집값과 비교했을 때, PIR이 5 이하면 매우 저렴하고, 10이면 보통, 20 이상이면 비싸다.

세 번째, 대출 잔고. 교실 총 통화량과 대비해서 총 대출 금액이 얼마큼 큰지 파악한다. 예를 들어 총 통화량이 10만 치킨인데 학생들이 빌린 총 대출 금액이 1만 치킨 이하이면 비싸진 않은 상황이고, 2만 치킨 이상이면 비싼 상황이다.

위 세 조건 모두 부합할 때, 금리를 최고 금리까지 올리면 매우 높은 확률로 폭락이 연출된다. 다만 예금 금리는 놔두고, 대출 금리 위주로 올려야 더 효과적이다.

SYSTEM 08

## 8주차 사업

### 1. 복권 사업

먼저 시범을 보인다. [사진 26]과 같이 복권 용지를 출력한 뒤, 번호 추첨 프로그램을 준비한다. 복권 한 개당 100치킨으로 정하고 몇 장 살지 선택하게 한다. 최대 5장이다. 첫 고객이 “2장이요.” 하면서 200치킨을 내 책상 위에 놓는다. 그러면 1번, 2번을 준다. 다음 고객이 “4장이요.” 하며 돈을 놓으면 아까 2번까지 발행했으니 3번부터 6번까지 준다. 다음 고객이 한 장이라고 하면 7번을 준다. 모두 발행한 뒤,

사진 **26**

| | | | | |
|---|---|---|---|---|
| 1회<br>1번 | 1회<br>2번 | 1회<br>3번 | 1회<br>4번 | 1회<br>5번 |
| 1회<br>6번 | 1회<br>7번 | 1회<br>8번 | 1회<br>9번 | 1회<br>10번 |
| 1회<br>11번 | 1회<br>12번 | 1회<br>13번 | 1회<br>14번 | 1회<br>15번 |
| 1회<br>16번 | 1회<br>17번 | 1회<br>18번 | 1회<br>19번 | 1회<br>20번 |
| 1회<br>21번 | 1회<br>22번 | 1회<br>23번 | 1회<br>24번 | 1회<br>25번 |
| 1회<br>26번 | 1회<br>27번 | 1회<br>28번 | 1회<br>29번 | 1회<br>30번 |

**복권 용지 예시**

복권 한 개당 100치킨으로 정하고
복권 판매금에서 복권 회사가 일부 떼어가는 모습을
보여주고, 남은 금액으로 당첨금을 정한다.

책상에 놓인 돈에서 복권 회사가 일부 떼어가는 모습을 보여주고, 남은 금액으로 당첨금을 정한다. 그다음 "이번엔 3등 뽑겠습니다!"라며 프로그램을 돌리면 그때 번호가 나온 사람이 3등 당첨자다.

대신 복권 사업을 직접 해볼 사업자는 위와는 다르게 진행한다. 먼저 포스트잇을 4등분으로 쪼개 100장을 만들게 한다. 그중 딱 3장에 각각 3등, 2등, 1등을 적은 뒤, 두 번 접은 다음 섞어서 상자에 넣게 한다. 그다음 중요한 비밀을 말해준다.

"복권 하나당 가격은 얼마로 할 거야? 50치킨? 그럼 상자 안에 있는 복권 100장을 다 뽑으려면 5,000치킨이 필요하지? 그럼 이제 꼭 지켜야 하는 게 있어. 1, 2, 3등 상금을 합한 금액이 5,000치킨을 넘으면 안 돼. 총 상금이 복권 전체 가격보다 적으면 적을수록 네가 더 많이 벌게 될 거야. 상금이 너무 적으면 아무도 안 살 테니까, 돈을 벌 수가 없어. 가장 많이 벌 수 있는 적당한 지점을 잘 찾아야 돼."

**2. 은행 사업**

은행 장부를 별도로 만들어 고객의 계좌를 관리하고 이자를 주거나 받는 사업이다. 대신 은행 사업자는 사업자 자신에게 대출해줄 수 없다.

### 3. 소매업

교사가 제공하는 간식을 교실 화폐로 대량 구매한 뒤, 다른 친구들에게 낱개로 파는 사업이다.

### 4. 무역 사업

'금교잇'에서 경제교실을 운영하는 다른 반과 무역을 진행할 수 있다.

TIP 8주차

**01 버블 시기 결석생에 대한 조치**

하루이틀 결석했다고 해서 부동산 상승을 놓치는 경우는 드물고, 딱히 보상을 해주진 않는다. 결석일만큼 부업 여러 개를 한꺼번에 제출할 권한 정도면 충분하다. 하지만 그 하루이틀 내에 과한 버블이 발생했거나 장기 결석의 경우에는, 이익 한도에 땅이 팔린 뒤 낙오가 되기도 한다. 그럴 때는 부업 기회 외에도 약간의 지원금을 주거나 자산 가격 상승률을 감안하여 어느 정도 재산 재조정을 해준다.

**02 전출·전입생에 대한 조치**

전출생은 시장을 통해 재산을 다 쓰게 한다. 전입생은 재산을 어느 정도 증여하여 시작하게 하는 편이다. 금액은 현재 교실에서 재산 하위 30%에 속하는 학생의 재산 정도이다.

### 03 파산하거나 계좌가 마이너스됐을때 조치

그 학생이 원한다면 일을 2개까지 허용한다. 적절한 수준에서 빚을 탕감해주기도 한다. 하지만 이러한 조치에도 마이너스를 복구하지 못한다면 계좌를 정지시킨다. 모든 거래에 참여할 수 없다. 대신 벌금도 없다. 그저 교사의 생활 지도와 적당한 개별 상담 등을 위주로 접근한다.

### 04 유동성을 조절하는 교묘한 기술

과한 버블이 생기지 않는 이상, 금리만으로는 폭락이 연출되지 않는 경우가 있다. 그렇다고 꼭 버블을 일으킬 필요는 없다. 유동성 공급과 회수로 폭등과 폭락을 연출할 수 있다.

**| 유동성 공급 장치 |**

주급 인상, 세금 면제 및 세율 인하, 자사주 매입 및 소각(회사 자본으로 자기 회사 주식을 매입하고 없애서 주식 수를 줄임), 배당 증가 + 교사가 은행의 돈을 활용해 부동산 또는 주식 매입

**| 유동성 회수 장치 |**

주급 삭감, 세금 항목 증가 및 세율 인상, 벌금 인상, 유상증자(회사 주식을 추가로 발행함), 배당 감소 + 교사가 매입한 부동산 혹은 주식 매도, 교사가 간식을 경매해 시중에 풀린 돈 회수

**05 복권 사업 시 유의사항**

복권 사업의 수익 구조를 눈으로 직접 보여주기 위해서 복권 구매는 현금으로 하도록 한다. 계좌이체가 아닌 현금으로 사는 걸 더 재밌어 하기도 한다.

## SYSTEM 09 마지막 주 학기 말 혹은 학년 말

마지막에 보상하는 방법에는 크게 두 가지가 있다. 교사가 사비를 쓰지 않거나 사비를 쓰는 방법이다. 사비를 쓰지 않으려면 학급운영비나 학교 예산에서 구입한 학용품이나 간식으로 매점을 운영해 회수하고, 자리 선택권 쿠폰, 점심 빨리 먹기 쿠폰, 놀이 쿠폰, 쉬는 시간 신청곡 쿠폰 등을 주기적으로 발행하면 된다. 다만 학기 중 수시로 회수하는 방식은 통화량이 꾸준히 늘어날 수가 없어서 투자 역사를 연출하지 못한다는 점이 한계다.

사비를 쓰는 경우, 학기 말에 치킨을 원화로 환전해서 온라인 쇼핑을 한다. 교실에 풀린 총 통화량이 200만 치킨이고 10 대 1 비율로 환전한다면 총 20만 원 정도의 사비를 쓰면 된다. 예를 들어 마지막 재산조사 결과, 재산이 35만 치킨인 친구는 3만 5천 원을 환전할 수 있다. 단, 현금으로 받을 순 없으며 온라인에서 주문하도록 안내한다.

마지막 주 TIP

**01 가능한 토론 주제**

기본 소득, 재산세 인상, 주급을 똑같이 받아야 할까 다르게 받아야 할까, 벌금을 재산에 따라 다르게 걷어야 할까, 월세를 자율화해야 할까, 빈부격차를 해소해야 할까, 빈부격차를 해소한다면 어떻게 해소해야 할까, 진정한 평등이란, 행복하기 위해서 돈이 꼭 필요할까, 돈으로 환산할 수 없는 것은 무엇일까,  돈보다 중요한 것은 무엇일까, 우리는 왜 돈을 벌까.

SYSTEM 10

## 2학기 주식 도입 가능

### 1. 가상 회사 설립

교사가 가상으로 경영하는 회사를 상장한 뒤 이익, 배당, 자본을 월요일마다 발표한다. 회사의 이익이 앞으로 어떻게 흘러갈지 대략적인 방향은 말해준다. [사진 27]의 그래프와

사진 27

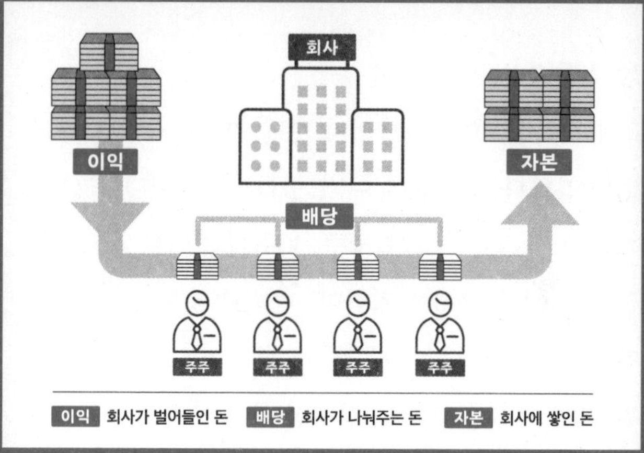


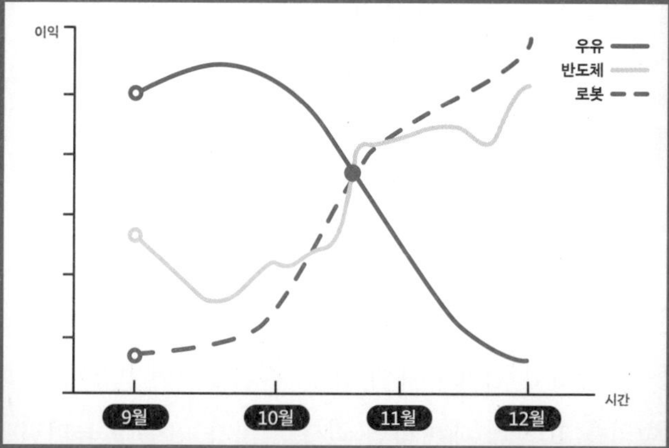


**세 가지 가치, 이익 그래프**

교사가 가상으로 경영하는 회사를 상장한 뒤 회사의 이익이 앞으로 어떻게 흘러갈지 대략적인 방향은 말해준다.

같이, 한 회사는 이익이 많다가 적어지고, 한 회사는 변동이 심하지만 점진적으로 이익이 증가하고, 한 회사는 지금 이익이 거의 안 나지만 언젠가 많이 날 것이다.

## 2. 상장 방법

반도체 회사를 10주 발행한다 했을 때, 5,000치킨에 살 주주를 모집한다. 한 명이 여러 주를 사도 된다. 그런데 5,000치킨에 사려는 수요가 20주, 30주처럼 너무 많으면 발행 가격을 높여서 다시 모집한다. 반대로 3주, 5주처럼 수요가 적으면 가격을 낮춘다. 그렇게 해서 10주 정도로 맞추고 상장한다. 그다음 교사는 정해진 시가총액(주식 수 × 1주 당 가격)에 맞게 실적을 정해야 한다.

## 3. 실적 운영법

**| 이익 정하기 |**

시가총액(주가 × 주식 수, 한 회사 주식을 모두 사는 데 드는 비용)과 비교했을 때 적당한 이익을 내야 한다. 시가총액이 10만 치킨인데 이익을 10만씩 내버리면 회사 가치가 너무 올라버린다. 그러면 주가가 10배 올라도 버블이 아니게 될 수 있다. 그래서 대략 평균 per(시가총액을 이익으로 나눈 비율)가 10쯤나오게 하면 무난하다. 가령, 시가총액이 10만 치킨인 경우 이

사진 28

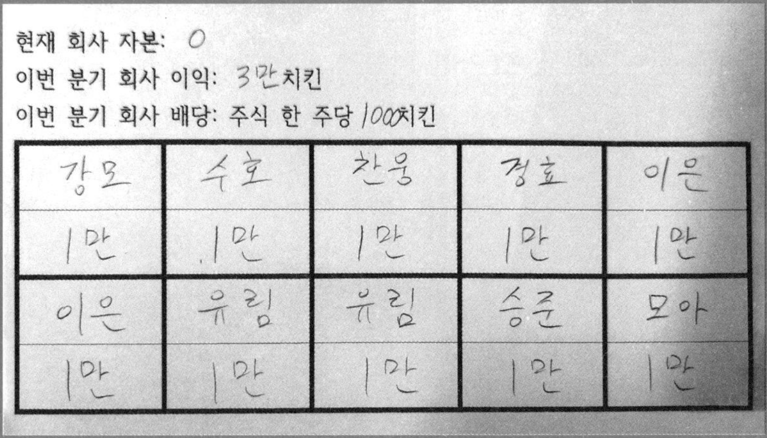

현재 회사 자본: 0
이번 분기 회사 이익: 3만치킨
이번 분기 회사 배당: 주식 한 주당 1000치킨

| | | | | |
|---|---|---|---|---|
| 강모 | 수호 | 찬웅 | 정효 | 이은 |
| 1만 | 1만 | 1만 | 1만 | 1만 |
| 이은 | 유림 | 유림 | 승준 | 모아 |
| 1만 | 1만 | 1만 | 1만 | 1만 |

**주식표**

경제교실 안에서 아이들의 수요에
맞추어 적절한 가격을 맞추고
상장한다.

익이 1만 정도 나오게 하는 것이다. 썩은 우유처럼 초반에 이익이 잘 터질 경우 per가 2~3까지도 나올 수 있고, 이익이 줄어들면 per가 20, 30으로 높아질 수도 있다. 이익에 관해선 그것만 고려하면 된다. 이익이 적당히 난 수준이 per 10이라는 점.

**| 배당과 자본 정하기 |**

이익을 정했으면 이익에서 얼마를 배당할지 결정한다. 예를 들어 이익이 1만 치킨이 나왔고, 그중 3,000치킨을 주주들에게 준다고 하자. 그러면 회사 자본에는 7,000치킨을 더해야 한다. 그리고 배당금 3,000치킨은 10개의 주식에 골고루 나눠줄 것이니 한 개의 주식당 배당금은 300치킨이 된다. 이렇게 세 요소를 기입하면 끝난다.

### 4. 주식 관련 규칙

- 주주가 안건을 제안하면, 2주에 한 번씩 점심시간에 주주총회가 열리며, 주주들은 가진 주식 수만큼 투표권을 행사할 수 있다. 만약 안건 제안이 없으면 주주총회는 생략한다.
- 주식 거래 방식과 학기 말 회수 규칙은 부동산 규칙과 같다.
- 매주 목요일 점심시간에 배당을 받을 수 있다.

- 주식을 모두 소유하면 그 회사의 이익과 자산과 배당을 모두 가지며, 이익을 다시 재투자하거나 유보하는 등의 경영 참여도 가능하다. 단, 취득세와 법인세는 각각 10%다.

TIP 2학기

**01 주주총회에서 가능한 안건**

당분간 배당을 줄이고 회사가 재투자해서 이익을 늘린 뒤 추후에 배당을 늘릴 것인가. 아니면 당장 배당을 대폭 늘릴 것인가. 회사가 추가로 주식을 발행해 자금을 조달하여 연구개발비용을 늘릴 것인가. 위와 같은 안건들이 가능하다. 만약 당장 배당을 늘리기로 했을 때는 회사가 재투자를 못 하여 앞으로의 이익이 다소 감소하는 효과를 보여준다. 그러면 배당도 점차 감소한다. 만약 재투자를 늘리면 이익이 더 가파르게 늘어나는 모습을 보여준다.

**교사가 준비해야 할 서류 모아보기**

**경제교실법, 계산시험지, 직업 및 주급표**(=반 조사표), **재산조사표**(=조사표), **은행 장부표**(모조지), **부동산표**(모조지), **경매표, 복권용지, 주주명부**(모조지)

# 한눈에 알아보는 경제교실법

# 안전 규칙 # 추가규칙 # 거래 # 세금 # 부동산 # 시장 # 금리 및 은행사업 # 주식

**안전 규칙**

① 뛰지 않고 걷기(계단 포함)

② 누군가를 밀거나 때리지 않기

③ 높은 곳에 올라가거나 매달리지 않기

**추가 규칙**

① 기부, 돈 빌리기, 절도 금지

② 필수로 제출해야 하는 가정통신문 및 숙제를 제때 제출하기

③ 그 밖의 위험한 행동 금지

**거래**

① 한 달마다 여는 시장 외에는 교실 밖에서 가져온 간식이나 장난감은 팔 수 없다.

② 밖에서 가져온 값싼 재료로 교실에서 만든 제품은 팔 수 있다.

**세금**

① 소득세는 월요일 주급에서 10% 차감하고, 전기세, 수도세는 100치킨(변경 가능)이다.

② 재산세는 5주 차부터 재산 상위 30%에게는 매주 재산의 1%씩을 걷는다.
예를 들어 예금, 현금, 부동산을 합해서 5,000치킨을 가지고 있는 경우 50치킨을 내야 한다.

**부동산**

① 거래할 때는, 사고 싶은 땅의 주인에게 찾아가 가격을 협의하여 정하고, 구매자는 부동산표에 적힌 집 주인 이름과 가격을 고친 뒤, 거래 금액을 계좌이체

로 송금한다.

② 한 달마다 자리 교체할 때 소유한 자리에 앉을지 말지 선택할 수 있다. 하지만 여러 땅을 가진 경우, 하나를 선택하고 나머지 자리에 누가 앉을지는 교사가 정한다.

③ 가격을 2배 높이면 반드시 팔아야 한다. 2배 미만에서는 서로 합의하여 가격을 정한다.

④ 세입자는 매주 목요일 점심시간에 집주인에게 월세(집값의 1%)를 내야 한다.

⑤ 실제 거래가 없으면 가격은 고칠 수 없다.

⑥ 학기 말에 모든 부동산은 정부가 매수가에 산다.

**시장**

① 인당 최대 2개 가져올 수 있으며, 가져온 물건의 실제 가격이 합해서 3,000원이 넘으면 안 된다.(사탕 10개를 가져왔다면 한 묶음이나 두 묶음으로 나누어 팔 수 있다.)

② 경매표에 이름과 희망 가격을 적는다. 이미 어떤 사람이 희망 가격을 적어놨는데, 그 가격보다 더 비싼 가격에라도 사고 싶을 경우, 그 바로 밑칸에 자신의 이름과 가격을 적으면 된다. 한 번 쓴 이름과 가격은 지울 수 없다.

③ 100치킨~999치킨(세 자리 수) 사이에서는 10치킨을 최소 단위로 하고 1000치킨~9999치킨(네 자리 수) 사이에서는 100치킨을 최소 단위로 한다. 즉, 가장 큰 두 자리 수에만 0이 아닌 수를 쓸 수 있다.

④ 시간이 끝나면 명단 가장 아래 적힌 사람에게 낙찰되고, 판매자는 제품을 구매자에게 전달한 뒤 경매표를 선생님에게 제출한다.

**금리 및 은행 사업**

① 금리는 최고 10%까지 오를 수 있다.

② 대출은 가장 최근 재산조사 때 신고한 재산만큼만 가능하다.

③ 예금 이자와 대출 이자 지급 기준 시각은 매일 아침 9시이다.(아침 시간엔 모든 경제 활동을 멈춘다.)

④ 은행 사업자는 사업자 자신에게 대출해줄 수 없다.

**주식**

① 주주가 안건을 제안하면, 2주에 한 번씩 점심시간에 주주총회가 열리며, 주주들은 가진 주식 수만큼 투표권을 행사할 수 있다. 만약 안건 제안이 없으면 주주총회는 생략한다.

② 주식 거래 방식과 학기 말 회수 규칙은 부동산 규칙과 같다.

③ 매주 목요일 점심시간에 배당을 받을 수 있다.

④ 주식을 모두 소유하면 그 회사의 이익과 자산과 배당을 모두 가지며, 이익을 다시 재투자하거나 유보하는 등의 경영 참여도 가능하다.
단, 취득세와 법인세는 각각 10%를 내야 한다.

작가의 말

# 경험으로 깨닫게 하는 시스템의 힘

우리 교실에 들어와 보면 별거 없다. 게시되어 있는 거라곤 금리가 적힌 칠판, 뒤에 게시된 경제교실법 한 장, 교실 한편에 손때가 묻어있는 부동산과 주식표, 사물함에 들어있는 화폐. 이 정도가 전부다. 그러나 아이들은 배운다.

아이들은 수요 공급 법칙 그래프를 본 적은 없어도 이미 머릿속으로 그리고 있다. 나는 단 한 번도 "금리가 높아지면 대체로 자산 가격이 하락 압력을 받고, 금리가 낮아지면 자산 가격이 상승 압력을 받는다."고 가르친 적이 없다. 하지만 학기 말이 되어서 문제를 내보면 한 명도 빠짐없이 당연한 거 아니냐고 되묻는다. 경기 호황과 불황, 투자와 투기의 구분도 마찬가지다. 그 뜻을 듣자마자 경험과 곧바로 연결지을 수 있는 것이다.

가면 갈수록 아이들의 투자 태도도 자연스레 달라져 있다. 자신의 심리를 돌아본 덕분에 더 이상 조급해하지 않고, 짧게 보지 않는다. 군중심리로 인해 남들 따라 투자하지도 않으며, 독립적 사고를 하고 논리적인 근거를 따진다. 대출을 무리하게 쓰지도 않고, 자신의 소득을 감안하여 적절한 대출을 일으킨다. 대출을 받더라도 하방경직성이 강한 부동산에는 어느 정도 쓰지만 변동성이 심한 주식에는 매우 신중해진다.

경제만이 아닌, 삶의 태도도 배워간다. "실패했을 때 좌절하지 말고 그 고통을 극복해라."라는 조언을 듣기보다는 직접 실패와 고통을 체험하고 그 과정을 인내하며 반추한다. 그 경험에서 배울 것이 무엇인지를 깨닫고, 변화와 노력을 하게 된다. "다른 사람과 쌓은 신뢰는 가장 귀중한 재산"이라는 추상적인 문장 대신, 약속을 어기거나 꾸준히 지켰을 때 어떤 반응이 돌아오는지를 구체적으로 경험한다. "남과의 비교는 불행해지는 확실한 방법"이라는 말 대신, 남과의 비교나 질투로 인해 어떤 실수를 저지르게 되는지를 직접 목격하거나 경험한다. 이 경험들을 바탕으로 성장을 위해 또는 행복을 위해 필요한 자세가 무엇인지 비로소 깨닫는다.

이렇듯 아이들이 직접 겪어보고 이해하게 하는 것. 교실에서 그 경험을 연출하는 것. 그것이 경험으로 깨닫게 하는 시스템의 힘이다.

## 선생님께 드리는 말

선생님, 혹시나 이 책에 있는 경제교실을 해보신다면 그대로 따라할 필요는 없습니다. 오히려 선생님만의 특색으로 변화를 줘야 경제교실이 더욱 발전할 수 있습니다. 제가 이 프로그램을 어설프게 운영했던 첫해만 돌이켜봐도, 우여곡절도 많고 부끄러운 부분도 참 많았습니다. 단지 매년 변화를 주고 발전해갔다는 이유로, 이처럼 시스템의 힘을 발휘하는 프로그램이 된 것입니다.

제가 변화를 준 건 프로그램만이 아니었습니다. 원칙과 철학도 매년 발전시켜 나갔습니다. 만약 원칙과 철학이 없다면 "무엇을 가르쳐야 하고 어떻게 가르쳐야 하나?"를 망각하기 때문입니다. 또한 이 절차나 규칙은 대체 왜 있어야 하는지, 이 시스템이 왜 꼭 필요한지에 대한 질문에, 교사가 합리적이고 깊이 있는 답변을 못 해주면, 아이들은 철학과 원칙의 깊이를 쉽게 눈치챕니다. 따라서 그 깊이를 갖기 위해 매년 꾸준히 쌓아 온 저의 다섯 가지 원칙과 투자 철학을 소개하겠습니다.

첫 번째 원칙, 노력의 가치를 높이기 위해 공평한 기회를 제공해야 합니다. 완벽이 아닌 발전을 추구하며 노력하도록 기회를 제공하고, 기회를 시기적으로도 분산하여 뒤늦게 노력하는 아이들에게도 꾸준히 제공합니다.

두 번째 원칙, 실패와 고통에 대한 새로운 접근을 추구합니다. 행복과 성공 경험만 추구하는 것이 아닌, 실패와 고통을 받아들이고 그것을 반추하며 배울 점을 찾아나가는 방식을 추구합니다.

세 번째 원칙, 실제 사회를 모방하되, 교실의 한계를 받아들이고 그에 맞는 모형을 설계해야 합니다. 복잡하고 불필요한 서류나 절차는 본질을 놓칠 수 있기 때문에 지양합니다.

네 번째 원칙, 재미와 의미, 안전을 추구하되 간결해야 합니다. 간결하지 않으면 교사는 언젠간 지쳐버립니다. 교사가 지치면 재미있고, 의미 있고, 안전했던 교실은 힘을 잃어버립니다. 따라서 좀 더 효율적이고 간결한 방식이 필요합니다.

다섯 번째 원칙, 경제교실로부터 세 가지를 분리해야 합니다.

먼저, 학교생활과 학교생활의 일부인 경제교실을 분리해야 합니다. 보상 시스템이 워낙 편리하고 강력한 탓에 많은 행위들을 돈으로 보상해 주고 싶을 때가 있지만, 아이들에게는 벌금 없이도 지켜야 하는 규범이 있고, 보상 없이도 충분히 재밌는 활동들이 많습니다.

그다음으로, 교사의 감정을 경제교실과 분리해야 합니다. 가장 위험한 건 구체적이고 객관적인 기준이 아닌, 교사의 기분에 따라 상벌을 주는 경우입니다. 그렇게 되면 아이들은 이 시스템에 회의감을 느끼고 벗어나려 합니다. 그러나 교사가 원칙을 바탕으로 운영하면, 학급 화폐에 대해 의문을 갖던 몇몇조차도 실제 돈보다 학급 화폐를 더 귀중히 여길 정도로 몰입합니다. 그리고 그 몰입을 바탕으로 현실보다 더 현실적인 경제 현상이 벌어집니다.

마지막으로, 단순한 정치 논리를 경제교실과 분리해야 합니다. 경제교실에서 정치는 절대 빼놓을 수 없는 요소이며, 아이들이 가장 몰입하는 토론 주제입니다. 그러나 찰리 멍거의 주장처럼 단순히 최저 임금을 높이거나 낮춰서 혹은 세율을 높이거나 낮춰서 문명사회가 개선될 만큼 정치, 그리고 경제는 단순하지 않습니다. 세상은 매우 복잡한 시스템이고, 그 속에서는 수많은 사람들이 연결되어 있기 때문입니다. 교사는 이를 이해하고 아이들에게 좀 더 깊이 있는 사고의 기회를 열어줄 의무가 있다고 생각합니다.

위 원칙들을 바탕으로 진행한 투자 교육에도 저의 철학이 담겨 있습니다. '가치 있는 자산을 가지려는 관점에서 시간의 편에 서는 투자를 해야 한다.'

역사적 통계를 보면 더욱 명확해집니다. 당장 하루만 놓고 봤을 때 주식 시장이 오를 확률은 51%, 떨어질 확률은 49%라고 합니다. 즉, 당장 내일 돈을 벌어야 하는 사람은 그 목적을 달성할 확률이 51%이며 그 금액도 크기 힘듭니다. 하지만 10년을 놓고 봤을 때 주식 시장이 오를 확률은 90% 이상이며 금액도 훨씬 큽니다. 그러므로 인내심을 가지고 시간의 편에 서는 태도가 유리한 것입니다.

물론, 무조건 기다렸다고 수익을 내진 않습니다. 가치가 없는 자산은 인내해도 소용없습니다. 특히 주식에서는 가치 없는 종목을 들고 오래 기다리다가 손실을 보는 일이 비일비재합니다. 따라서 아이들에게 '가치 있는 자산'에 인내심을 발휘하는 것이 중요함을 이해시킬 필요가 있습니다.

다만 가치 평가는 매우 어렵습니다. 주식의 근본적 가치는 회사가 벌어들이는 이익이고, 그 이익의 방향을 맞히는 것이 꽤나 어렵기 때문입니다.

15년 전만 해도 반도체 주식을 투자할 때, 반도체 회사의 이익과 직결되는 D램 가격과 DXI 지수를 참고하면 수익을 내던 시절이 있었다고 합니다. 하지만 어느 순간 대부분의 투자자가 그렇게 하고 있었고, 더 이상 먹을 만한 기회가 없어졌다고 합니다. 그래서 소수의 투자자는 D램 가격을 미리 예측할 수 있는 D램 재고량을 추적하게 됐습니다. 그 방법이 초기엔 수익을 가져다 주었는데 이윽고 더는 통하지 않았습니다. 그래서 또 소수의 투자자가 알아온 정보는 아무나 쉽게 접할 수 없는 정보였던, 각 고객사의 D램 주문 계획이었습니다. 이런 현실에서 100명 중 70~80명이 아는 뉴스나 차트를 분석하는 교육은 무모하게 느껴집니다. 물론 아이들이 정보를 분석하는 활동 자체는 의미있지만, 자칫 오개념을 심어줄 수 있습니다.

그리고 사실, 투자에서는 이러한 정보들보다 더 중요한 게 있습니다. 바로 심리를 이해하고 다스리는 태도입니다. 좋은 정보와 통찰력이 있는 펀드 매니저들도 종종 심리가 받쳐주지 못해 손실을 보기 때문입니다.

이득을 본 종목은 쉽게 팔고 손해가 난 종목은 팔기 싫어하는 손실 회피 성향, 내가 산 가격과 내가 판 가격 기준으로 사고하게 되는 앵커 효과, 내가 산 종목은 더 가치 있어 보이는 보유 효과, 큰 위기가 닥칠 것 같은 두려움이 엄습하고 부정적인 뉴스가 더 귀에 들어오는 부정 편향, 내가 오래 공부한 종목에 대해서 애착을 갖게 되는 매몰 비용의 오류, 단기간에 돈을 벌고 싶어 하는 조급한 마음, 회사의 잠재력이 실현되기까지 기다리지 못하는 인내심의 결여, 남들에 의해 휘둘리는 군중심리, 그리고 그 조급한 마음과 군중심리의 근본적 원인인 비교 심리와 질투심 등. 투자는 정보 말고도 태도가 무척이나 중요합니다.

만약 정보와 종목 분석 능력을 배운다면 저희 반 아이들 중 나중에 전문적으로 투자할 소수에게는 도움이 됩니다. 하지만 이 경제교실을 통해 배우는 심리와 인간 본성, 태도는 모든 아이의 인생에 영향을 미칩니다. 나중에 투자로 크게 벌지는 못할지언정 크게 잃지는 않게 해줄 수 있습니다. 제가 심리와 태도에 초점을 둔 이유입니다.

본능에 반할 수 있는 태도. 논리적인 사고 방식.

타인과의 신뢰를 지키는 태도. 실패를 통해 배우는 자세.

남과 비교하지 않고 자신의 길을 묵묵히 따라가는 태도.

이 태도들을 전해주려 했던 저의 철학과 이야기가 도움이 되었기를 바랍니다.

# 감사의 말

이 책은 단 한 명에 의해서만 쓰여지지 않았습니다. 글을 고칠 때 필요한 기술과 지혜를 가르쳐주신 고경옥 선생님. 제가 글의 흐름을 끊어가면서까지 한꺼번에 너무 많은 걸 전달하려 했다는 것을 깨닫게 해주신 송명혜 선생님. 글이 좀 더 쉽게 읽힐 수 있도록 오해의 소지가 없는 단어나 용어로 바꿔주신 진현주 선생님. 글에 재미를 더해주고, 균형 잡힌 관점을 제시해준 김지현 선생님. 다양한 경우의 수를 고려하여 내용에 체계성을 더해준 한성우 선생님. 좀 더 효과적이고 자연스러운 문장을 소개해준 김승현 선생님. 이 책의 의미를 발견해준 주연환 선생님. 경제교실을 운영할 때 보완할 방향을 말씀해주신 김겸주 선생님. 투자와 더불어 삶의 태도를 가르쳐주신 박홍일 투자자님. 그리고 끝없는 시행착오를 겪던 저를 끝까지 따라준 아이들 모두 큰 도움을 주었습니다.

마지막으로 이 책에 가장 큰 영향을 준 한 명을 소개하고 끝마치려 합니다.

효율성을 강조하기 위해 '가장 쉬운 경제교실'이라 제목을 지으려던 나를 뜯어 말리며, 내 이야기의 본질이 투자임을 강조해준. 마땅한 제목을 찾지 못해 고민하다가, 밤샘 토론 끝에 '금리로 혼내주는 선생님'이라 짓게 도와준. 전국 어떤 경제교실과도 다른 독창적인 시스템을 고안하겠다며 뛰어든 4년 동안, 사소한 규칙부터 철학과 목적까지 함께 고민했던. 집필 과정에서도 나무와 숲을 번갈아 보며 조언하고, 투박했던 초고에 재미와 의미를 풍부하게 더해준. 스스로가 한없이 작게 느껴질 만큼 무기력했을 때, 너는 무언가를 만들어낼 능력이 있다며 나를 끝까지 믿어주었던 오랜 친구. 산이에게 고마움을 전합니다.

# 금리로
# 혼내주는 선생님

2024년 10월 7일 초판 1쇄 발행

지은이 전준형
펴낸이 김영훈
편집장 김지희
디자인 부건영
편집부 이은아, 김영훈
펴낸곳 한그루
출판등록 제6510000251002008000003호
제주특별자치도 제주시 복지로1길 21
전화 064-723-7580 전송 064-753-7580
전자우편 onetreebook@daum.net 누리방 onetreebook.com

ISBN 979-11-6867-181-2 (03370)



이 책은 2024년 제주특별자치도교육청
'우리 선생님 책 출판 지원 사업' 공모 선정작입니다.

값 17,000원

이 책의 본문은 친환경 재생용지를 사용했습니다.